나를 지키는 감정
나를 살리는 감정

뇌과학자가 재미있게 파헤친 감정해부도감

나를 지키는 감정
나를 살리는 감정

뇌과학자가 재미있게 파헤친 감정해부도감

도마베치 히데토 지음
박선형 옮김

(￦) 대원사

감정에 휘둘려
괴롭고 고통받는 사람들에게

분노, 슬픔, 혐오, 기쁨, 애착, …….

사람이 어떤 감정도 없이 하루를 살아가는 것이 가능할까요?

일에 있어서 자신이 제안한 기획안이 통과되지 않으면 서글프기도 하고 화가 나기도 합니다. 그러나 반대로 기획안이 좋아 칭찬을 받으면 기쁘고 자랑스럽습니다. 이는 비즈니스에서만이 아닙니다. 가령 가정에서도 아내가 월급이 적다며 잔소리를 해서 억울하다, 내 자식의 성적이 올라서 기쁘다, 가는 길에 개가 사납게 짖어 대는 통에 등골이 오싹할 만큼 공포감에 휩싸였다는 등 우리들은 감정과 무관하게 일상을 살아간다는 건 불가능합니다.

그런데 이 '감정'이라는 것이 우리들 마음대로 되지 않으니 골치가 아픈 것입니다. 대다수의 사람들은 이 감정에 생활을 조종당하고 있다고 해도 과언이 아닙니다. 긴장해서 자신의 진가를 발휘하지 못했다, 화를 참지 못하고 소중한 사람에게 상처를 주었다, 명예심 때문에 올바른 판단을 내릴 수 없었다 등등 이 같은 경험은 누구나 한 번쯤은 있을 것입니다.

이런 감정에는 부정적인 것과 긍정적인 것이 있습니다.

우선, 부정적인 감정은 21세기인 지금은 거의 필요가 없습니다. 현대인들은 원시시대의 인류와는 달라 커다란 동물에게 습격당하는 일도, 기본적으로는 굶어죽는 불안도 없습니다. 생명의 안전이 보장되어 있는 이상 원래 생명 유지와 종의 보존을 위해 필요했던 '공포', '분노'라는 감정은 필요가 없는 것입니다.

또 "분노를 원동력으로 삼아 힘내라.", "슬픔을 계기로 뛰어넘어라."라는 말을 잘 하는데, 한마디로 그것은 '불가능'입니다. 왜냐하면 '분노'나 '슬픔'에 지배당하면 뇌의 오래된 부분(원시적인 부분)인 대뇌변연계(大腦邊緣系)의 편도체(扁桃體)가 우위로 되고, 논리적 사고를 맡은 전두전야(前頭前野)의 기능이 억제되어 이론적으로 생각해 행동할 수 없기 때문입니다. 일이 진척되지 않고, 단순한 실수를 하고, 정확한 판단이 어렵다는 경우가 그래서 생기는 것입니다.

그렇다면 긍정적인 감정은 무조건 받아들여도 괜찮은 것일까요?

아니, 그렇지 않습니다. 긍정적인 감정에도 주의가 필요합니다. 예를 들면 '명예심' 등은 지배자가 사람을 노예처럼 부릴 때 교묘하게 이용하는 감정입니다. 또, 행복감을 주어 도파민과 세로토닌을 강렬하게 방출시킴으로써 사이비종교나 피라미드식 상술은 사람들을 종속시키려고 합니다.

그렇다면 감정에 휘둘리지 않기 위해서는 어떻게 하는 것이 좋을까요?

사실 그 방법은 무척 간단합니다. 감정을 '오락'쯤으로 여기면 좋은 것입니다.

원래 감정은 자신의 의사와 관계없이 발생하는 것, '문득 자신이 짜증을 내고 있다'거나 '나도 모르게 혐오하고 있는' 경우가 대부분입니다. 감정이 솟는 것은 인간으로서 아주 자연적인 것으로, 그 감정을 억제하는 것은 어지간히 수행을 쌓은 사람이 아니면 곤란하지요.

다만 그 감정에 휘둘리지 않도록 '오락'이나 '인생의 활력소' 정도로 맛보는 것이라 여긴다면, 그런 생각 하나로 누구나 할 수 있습니다.

사실 감정은 인생의 목표 달성을 위해 유용하게 활용할 수도 있습니다. 포기하는 감정을 분석하다 보면 진짜 중요한 것을 깨닫게 되거나 자신이 정말로 즐거워하는 것을 목표로 삼게 되기도 합니다. 조종 기술을 능숙하게 활용한다면 감정은 당신의 목표 달성에 큰 도움을 주는 파트너가 될 수 있습니다.

그러나 지금까지 여태 휘둘리기만 했던 감정을 제대로 오락으로 즐기고 다룰 수 있을까요?

네, 그럴 수 있습니다. 그것도 매우 간단합니다.

감정은 '그렇다'라고 생각한 순간에 오락이 됩니다. 감정을 오락으로 인식하고 시점을 높이 두는 것으로 한 단계 높은 추상적 사고가 가능하게 됩니다. 우리들은 이것을 보통 '추상도가 높다.'고 합니다. 이렇게 되면 지금까지 조종 불능이었던 감정을 생각대로 조종할 수 있게 되는 것입니다.

그러기 위해서는 우선 상대를 알아야 합니다. 각각의 감정은 어떻게 만들어졌는지, 어떻게 처리하면 좋은지, 어떻게 넘겨야 하는지. 감정을 일으키는 뇌의 구조와 뇌내물질의 흐름 등 감정이 생기는 뇌과학적인 메커니즘에 대해서는 다음 항목「감정이 생기는 메커니즘」에서 간단히 소개하겠지만 사실 그러한 메커니즘은 그다지 중요하지 않습니다. 그것은 하나의 지식입니다만 실제로는 그 앞의 사고가 중요한 것입니다.

모든 감정에는 '맥락'이 있습니다. 예를 들어, 첫머리에서 든 예에서 보면 회사에 제출한 기획안이 통과되지 않아 화를 느끼는 사람이 있는가 하면, 슬픔을 느끼는 사람도 있습니다. 어쩌면 "좋아, 이번 실패에서 배우자!"라며 기쁨의 감정이 솟는 사람도 있을지도 모릅니다.

같은 상황에 같은 뇌내물질이 발생한다 해도 사람에 따라서 그전까지의 경험과 사상에 의해, 상대와의 관계에 의해, 그리고 그 사건이 일어난 타이밍에 의해 생기는 감정은 다릅니다. 그러므로 뇌과학적인 메커니즘이 아닌 '맥락'을 이해하지 않으면 감정을 이해할 수 없는 것입니다.

그래서 이 책에서는 뇌과학적인 관점만이 아닌 사회학적, 인류학적인 관점부터 감정의 모든 측면에 대해 접근합니다. 유니크한 그림과 함께 철저하게 해부한 코칭 이론 등 다양한 방식을 구사해서 감정을 자유자재로 조종하는 방법을 소개해 보고자 합니다.

이 책이 감정에 휘둘려 괴롭거나 고생을 해온 독자 여러분들의 마음을 자유롭게 해방시켜 일에서나 생활에서나 충실한 삶을 살아갈 수 있게 만드는 계기가 되기를 진심으로 바랍니다.

도마베치 히데토

차 례

Chapter 01 부정적 감정
Negative Emotion

Chapter 02 긍정적 감정
Positive Emotion

감정이 생기는 메커니즘(Mechanism)

감정은 어떻게 생기는 것일까?

아직 판명되지 않은 것도 많지만 기본적으로는 다음과 같은 프로세스로 이루어져 있다.

우선, 감정이 일어나는 메커니즘을 이해하려면 신조체계(Belief System)를 이해해야 한다.

우리들의 세계관은 측두엽(側頭葉)에 있는 기억과 전두전야에 있는 신조체계, 즉 '빌리프 시스템'이라는 인식 패턴의 조합에 의해 생성된다. 빌리프 시스템은 자신이 강하게 믿고 의심할 여지가 없는 고정적인 사고나 신념을 말하는 것으로, 여러 사상의 판단 기준이 된다. '세계 평화를 위해', '약자를 보호해야 한다.' 등의 사회적으로 도움이 되는 사고뿐만 아니라 '외국인이 타국에서 차별당하는 것은 당연하다.', '이 세상은 돈이 전부다.'라는 차별적, 자기중심적인 사고도 신념에 속한다.

그러한 신념은 자신을 포함한 세계의 지표이자 내부적 표현으로, 자신의 기억에 강하게 영향을 미치는 자아, 그 자체의 지도라고 할 수 있다.

다음으로, 정보 처리의 프로세스를 따라가 보자. 대부분의 경우, 감정에는 뇌의 오래된 부분(대뇌변연계(大腦邊緣系))의 편도체(扁桃體)와 그것에 붙어 있는 해마(Hippocampus, 海馬)가 깊이 관여하고 있다.

해마는 수 시간부터 여러 날의 단기 기억을 일시적으로 보존함과 동시에 측두엽에 들어 있는 장기 기억을 받아들이고 내보내는 출입구 역할을 하고 있다. 외부로부터 들어온 정보와 기억의 대조에도 해마가 관여하고 있다.

편도체는 해마에 작용해 받아들이고 내보내는 기억을 증폭 또는 축소시키는 기능이 있고, 뇌내의 모든 부위의 영역과 연결되어 정보 처리의 중심 역할을 맡고 있다.

눈과 귀 등을 통해서 뇌내에 들어온 정보는 해마에 의해 측두엽의 기억과 대조된다. 이때 정보는 어떤 것도 물리적으로 사실적일 필요는 없다. 영화나 소설의 스토리에서도, 머릿속으로 상상한 것에서도 현실로 일어난 것과 다르지 않을 만큼 사실감이 있다면 뇌에서는 동일한 것이다. 최면술사가 실제로는 고통스럽지 않은데 고통을, 슬프지 않은데 슬픔을 끌어낼 수 있는 것도 바로 이 때문이다. 계기(동기)는 밖에 있을지 모르지만 전체적인 정보는 뇌내에서 생성되고 있다.

측두엽의 기억과 대조된 정보는 플러스 또는 마이너스로 처리된다. 나아가 시상(視床), 복측피개야(腹側被蓋野), 도피질(島皮質), 측좌핵(側坐核), 빌리프 시스템이 들어 있는 전두전야(前頭前野)와 연계해서 정보가 평가되어 각양각색의 감정이 만들어지는 것이다. 정보와 자신의 빌리프 시스템과의 차이가 클수록 감정도 커지고, 편도체가 그 감정을 더욱 증폭시킨다.

그 프로세스 안에서 몇 가지의 뇌내물질(腦內物質)이 방출된다. 슬프면 노르아드레날린(Noradrenalin)계, 행복하면 도파민(Dopamine)과 세로토닌(Serotonin) 등 패턴은 기본적으로 같다. 그리고 시상하부를 통해 감정의 정보가 흘러 신체에 영향을 미친다. 예를 들면 노르아드레날린은 뇌 내에서는 신경전달물질과 같은 역할을 하지만 신체 내에서는 내분비물질로서 작용해 공포로 얼굴이 경직되거나 심장 박동이 빨라지는 신체 반응을 일으킨다.

참고로 어떤 뇌내물질이 나오면, 최후로는 세로토닌이 반드시 나온다. 그런고로 아무리 극심한 공포를 맛보고, 슬픔에 침울해지고, 고통에 괴로워 기절할지라도 최후로는 마음이 안정되고 평온이 찾아오는 것이다.

지금까지 개괄적으로 간략하게 정리했는데, 감정이 생기는 메커니즘은 대략 이러한 흐름으로 이루어져 있다. 그러나 앞서 언급했듯이 이 메커니즘 자체는 그다지 중요하지 않다. 중요한 것은 감정의 맥락을 이해하는 것, 감정을 오락으로서 즐기는 것, 목표 달성을 위해 감정을 컨트롤하는 것이다.

정보를 평가하는 뇌 구조

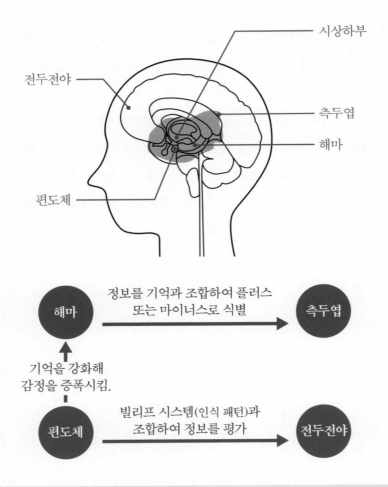

Chapter 01

부정적 감정

Negative Emotion

슬픔

마음이 아프고 괴로워서 울고 싶어지는 상태로,
무력감·좌절감·실망감·허탈감 등이 따른다. 가슴
이 옥죄여온다, 표정이 딱딱하게 굳어진다, 의욕
이나 행동력·운동력이 떨어진다, 자기 세계에 빠
진다, 눈물이 난다 등 신체적 반응이 일어나는 경
우가 많다.

‘슬픔’에서 중요한 역할을 담당하는 것은 전두전야

사람은 여러 형태로 슬픔을 체험하는데, 그 체험에 추상적인 정보를 처리하는 전두전야가 크게 관여하고 있다.

만일 바로 내 눈앞에서 나의 가족을 잃는다면 전두전야가 그다지 발달하지 않은 개나 고양이 같은 동물도 당연히 슬픔을 느낄 것이다. 그러나 실제로 눈앞에서 벌어진 일이 아닌, 가령 비극적인 영화나 드라마를 보았을 때, 또는 과거의 슬픈 기억이 떠올랐을 때 ‘슬픔’이라는 감정을 느끼는 것은 오로지 인간뿐이다.

극단적인 예를 들자면, 병원에서 갑자기 시한부 선고를 받았을 때 ‘나는 병에 걸렸다.’, ‘이 병으로 나는 곧 죽게 된다.’와 같이 여러 가지 정보를 관련지어 제대로 이해하지 않으면 ‘슬픔’이라는 감정은 생기지 않는다. 또, 사랑하는 사람에게 이별 통보를 받았을 때도 그 말의 의미를 정확히 이해하고 나아가 상대의 성격이나 태도, 말투, 상황 등을 전부 고려해 그 말이 상대방의 진심임을 확신하지 않는 한 ‘슬픔’이라는 감정은 생기지 않는다.

현실을 받아들이지 않으면 슬픔은 생기지 않는다

슬픔을 느끼려면 우선 슬픔을 유발시키는 정보를 받아들일 필요가 있다. ‘소중한 대상과의 이별’, ‘믿었던 사람의 배신’과 같은 상황에서도 그 현실을 받아들이지 않으면 슬픔은 느끼지 못한다. 이처럼

'정보 수용'이라는 프로세스에도 주로 전두전야가 관여하고 있다.

전두전야에는 각각 '나는 이런 사람이다.', '나는 이런 세계에 살고 있다.'는 '신념=신조체계(Belief System, 자아·세계관·인식의 패턴이라고 말할 수도 있다.)'가 존재하는데, 대개 슬픔은 그 신념의 균형이 무너졌을 때 생긴다. 이별이나 배신 등으로 신조체계, 즉 빌리프 시스템을 형성하는 중요한 부분을 잃게 되면서 결국 그것을 받아들여야 하는 사태에 빠졌을 때, 비로소 사람은 슬픔을 느끼는 것이다.

슬픔의 메커니즘

눈과 귀 등으로부터 어떠한 정보가 뇌로 들어오거나 사람이 뇌내에서 과거의 일이나 아직 일어나지 않은 일을 머릿속으로 상상하면 해마(海馬), 편도체(扁桃體), 시상(視床), 측좌핵(側坐核), 도피질(島皮質), 복측피개야(腹側被蓋野), 그리고 전두전야라고 하는 뇌의 각 부위가 서로 연락하여 기억과 뇌내의 인식 패턴과의 대조를 통해 그것이 어떤 정보인가를 평가한다.

그 결과 '슬픔을 유발하는 정보'라는 판단을 내리게 되면 뇌의 보수계(報酬系) 신경전달물질인 도파민(Dopamine)의 분비가 억제되거나 전투와 도피를 준비하는 내분비물질인 노르아드레날린(Noradrenalin)이 분비된다. 기쁨을 느끼지 못하게 되거나 식욕이 없어지는 등 신체적 반응이 나타나는 것은 이 때문이다.

슬프면 왜 눈물이 나는 걸까?

슬픔을 느꼈을 때 분비되는 노르아드레날린에는 독성이 있어서 체내의 활성산소를 증가시키거나 면역을 억제시킨다. 그 때문에 사람은 너무 장시간 노르아드레날린에 노출되어서는 안 된다.

한편, 눈물을 흘리면 노르아드레날린을 억제시키고 정신적 안정을 가져다주는 세로토닌(Serotonin)이 분비된다. 슬플 때 눈물을 흘리는 것은 노르아드레날린이 지나치게 많아지는 것으로부터 몸을 지키기 위한 '방어 시스템'이라고 말할 수 있다.

슬픔을 컨트롤하는 방법

1 슬픔을 가져다주는 정보를 미리 받아들여 둔다

슬픔을 주는 정보를 사전에 미리 '당연한 일'로 받아들여 두면 그렇게 하지 않았을 때에 비해 슬픔을 느끼는 기회는 적어지게 되고, 슬픔도 완화될 것이다.

이를테면, 슬픔은 대부분 '소중한 상대와의 이별'이라는 정보에 의해 생긴다. 그러나 '이 세상에

변하지 않는 것은 없다.', '모든 생물은 언젠가 생을 마감하게 된다.'는 것을 처음부터 각오해 두면 막상 그 순간이 닥쳤을 때 '어쩔 수 없는 일'이라고 냉정하게 받아들일 수 있게 되지 않을까?

2 철저하게 슬퍼한다

인간의 신체는 어떤 신경전달물질이나 내분비물질이 분비되어도 최종적으로는 정신의 안정을 가져다주는 세로토닌이 분비되도록 되어 있다. 그러므로 극도에 달할 때까지 슬퍼했다면 그 다음에는 기분이 상승될 수밖에 없다. 사람은 어떤 슬픔도 극복할 수 있는 것이다.

사람에 따라 차이는 있지만 슬픔에 젖어 있는 기간은 보통 며칠에서 몇십 일 정도다. 그 사이에 사람은 무너진 빌리프 시스템, 즉 신조 체계의 균형을 다시 잡는다. 예를 들어, 소중한 상대를 잃었다면 그 상대가 없는 상태를 새로운 빌리프 시스템으로 받아들이도록 되는 것이다.

3 급한 일을 먼저 처리하고 슬픔은 뒤로 미룬다

사랑에 실패했을 때 '실연을 생각하지 않으려고 굳이 힘든 일을 맡는다.'는 사람이 있는데, 이는 매우 합리적이고 이치에 맞는 행동이다.

보다 더 우선시할 일이 있으면 뇌는 슬픔을 가져다주는 정보 처리를 뒤로 미룬다. 또 감정은 대뇌변연계의 편도체에 의해서 증폭되는데, 전두전야가 활성화되면 대뇌변연계의 기능은 억제된다. 슬픔을 주는 정보가 들어왔을 때 가능한 한 전두전야를 사용하도록 하면 슬픔의 증폭이 억제될 수 있는 것이다.

분주함이 진정될 때쯤이면 어느 정도 시간이 흘러 지나가기 때문에 슬픔의 감정은 상당히 옅어져 있을 것이다.

분노(화)

자신이 물리적·정신적·사회적으로 공격당했다고 느껴 냉정함을 잃은 상태. 미간에 주름이 잡힘·눈초리가 치켜 올라감·입 꼬리가 처짐 등의 표정 변화가 따르며, 혈압 상승·심한 두근거림·몸 떨림과 같은 신체적 반응이 일어나는 경우가 많다.

분노의 원인에는 복잡한 것이 많다

사람이 분노를 느끼는 원인에는 '갑자기 누군가에게 두들겨 맞았다.'는 것처럼 단순한 것도 있지만 대체로 좀 복잡하다. 예를 들면, 이해관계가 일치하는 동료나 믿었던 사람으로부터 배신을 당해 화가 나는 경우라면 '그 사람과 이해관계가 일치한다(그 사람을 믿을 만한 가치가 있다.)고 판단', '그 사람한테 배신당했다고 판단', '그 배신으로 자신이 피해를 입었다고 판단' 등의 높은 정보 처리의 축적이 있을 때 비로소 사람은 분노를 느낀다.

더욱이 인간은 적에게 공격을 당했을 때보다 동료에게 배신당했을 때 더 큰 심리적 충격을 받는다. 이유는 '그 사람은 내 동료이니 나를 배신할 리 없다.'고 하는 빌리프 시스템에 반하는, '절대 있을 수 없는 일이라고 생각했던' 사건이기 때문이다.

현대 사회에서 '분노'를 분출할 곳이 없다

여러 가지 감정에 대한 평가는 시대에 따라 변한다. 그러나 적어도 현대 사회에서 분노는 거의 역할을 잃은, 중요도가 낮은 감정이 되었다고 할 수 있다. 예를 들어, 비즈니스상 상사나 거래처가 한 업무 평가가 부당하다고 생각될 때 분노가 생길 수 있는데, 그렇다고 해서 그들에게 직접적으로 화를 낼 수는 없다. 기업 사회에서는 기본적으로 분노를 표출할 곳이 없다.

그 외의 장소에서도 화만 내고 있는 사람은 '좀 다른 사람' 혹은 '문제 있는 사람'으로 판단해 버리는 경향이 있다. 현대 사회에서 그나마 화를 낼 수 있는 곳이라면 아마도 겨우 자신의 가정에서뿐일지도 모른다.

분노의 메커니즘

'내가 무언가로부터 공격을 받았다.'고 뇌가 판단하면 분노가 생긴다.

'분노'의 감정은 대체로 대뇌변연계의 편도체에 의해 증폭된다. 분노의 정보가 시상하부에 전달되면 노르아드레날린이 분비되고 교감신경이 활성화되어 혈압 상승, 심박수 증가, 감정 고조 등이 일어난다. 잠자기 전에 그날 있었던 발끈했던 일을 생각하면 머리에 피가 끓어올라 불면에 시달리게 되는 것은 바로 그 때문이다.

한편, 분노로 대뇌변연계가 활성화되면 전두전야의 기능이 억제되고 IQ가 떨어져 냉정한 사고가 불가능하게 된다.

그러나 사람은 오랫동안 지속적으로 화를 낼 수는 없다. 모든 감정 뒤에는 반드시 세로토닌이 분비된다. 어떤 격한 분노라도 결국에는 평온한 상태가 찾아오는 것이다.

'슬픔'과 '분노'는 종이 한 장 차이

같은 사건이 슬픔이 될 수도 있고, 분노가 될 수도 있다. 가령, 회사에서 업무 프레젠테이션이 예상보다 낮은 평가를 받았을 때 그 평가가 '정당한 것'이라고 느끼면 '슬픔'이 되고, '부당한 것'이라고 느끼면 '분노'가 된다. 전두전야가 그 상황을 어떻게 받아들이느냐에 따라 발생하는 감정이 달라지는 것이다.

분노를 컨트롤하는 방법

1 '분노' 자체를 일어나지 않게 한다.

분노의 원인이 될 만한 상황이 발생할 때는 눈을 감고 명상을 하거나 천천히 심호흡을 하자. 그러면 부교감신경이 활성화되고 몸이 편안한 상태로 되어 세로토닌 분비가 쉬워지면서 분노의 감정이 일어나거나 증폭되는 것을 억제할 수 있다.

2 자신을 분노케 한 상대에게 복수할 방법을 궁리해 본다

사고를 주관하는 전두전야가 활성화되면 감정을 담당하는 편도체를 포함한 대뇌변연계의 기능이 약해진다. 다시 말하면, 분노의 감정이 생겼을 때 일부러 전두전야를 활동시킴으로써 대뇌변연계에 의한 분노의 증폭을 억제하는 것이 가능하다.

전두전야를 활동시키는 방법은 여러 가지이다. 누군가에게 배신당했다고 느꼈다면 '나에게도 원인이 있는 것이 아닐까?' 하며 반성하거나 '이런 일이 일어나지 않게 하려면 어떻게 해야 좋을까?' 하고 이후의 대책을 고민해 보는 것도 좋을 것이다.

그러나 특히 추천하고 싶은 것은 '복수할 방법을 궁리'해 보는 것이다. 자신을 화나게 한 상대에게 어떻게 앙갚음을 할지, 단번에 효과적으로 할 수 있는 방법은 뭔지를 생각해 본다. 방법이 복잡하면 복잡할

수록 좋다. 그만큼 머리를 써야 하기 때문이다.

예를 들어, 회사에서 업무 관계상 상대의 행동에 화가 난다면 '어떤 사람에게 어떤 말로 이 사람의 잘못을 전할지, 또 어떻게 해야 좀 더 곤란해질지, 어떻게 불이익을 당하게 할지'를 일생의 목숨을 걸고 열심히 궁리해 본다.

물론 어디까지나 이것은 상상일 뿐, 실행할 필요는 없다. 궁리하고 상상하는 동안 전두전야의 활동이 활성화되어 분노의 감정은 분명 잦아들게 된다.

공포

자신의 힘을 초월해 생리적, 정신적으로 위협받거나 위해를 가할 수 있다는 것을 두려워하는 것. 창백해진다, 가슴이 벌렁거린다, 몸이 덜덜 떨린다, 식은땀이 난다 등 신체적 반응이 일어나는 경우가 많다.

사람은 '공포'에 의해 얽매이고 조종당한다

'공포'는 가장 조심하지 않으면 안 될 감정이라고 말할 수 있다. 사람은 공포에 의해서 얽매이기도 하고 조종당하는 경우가 많기 때문이다.

스스로는 플러스 감정에 따라 행동하려 했으나 실제로는 공포에 의해 조종당하고 있다는 사례가 적지 않다. 예를 들면, 높은 보수를 제시해 일을 승낙했을 때, '보수를 받는 기쁨'이 동기 부여가 된 것처럼 보이나 이면에는 '수입이 끊길 수 있다는 두려움'이 있는 것이다.

반대로, '공포'라는 감정에서 해방된다면 자신의 행동을 조종할 수 있고, 타인으로부터 조종당하는 것도 얼마든지 막아낼 수 있다.

동물에는 유전자 레벨에서 '공포'가 프로그램화되어 있다

'공포'는 생물이 위기를 피하는 데 필수 불가결한 감정이다. 예컨대, 동물은 본래 불이나 물을 무서워하도록 유전자 레벨에서 프로그램화되어 있다. 화상을 입거나 물에 빠지는 것을 피하려고 하는 것은 바로 그 때문이다.

또, 원숭이는 뱀을 보거나 뱀처럼 기다란 고무호스만 봐도 순간적으로 놀라 피한다.

통상적으로 시각 정보는 뇌의 후방에 있는 시각령(視覺領, 시각 영역)에 보내져 기억과의 조합과 전두전야에서의 판단을 거쳐 '그

것이 무엇일까?'를 인식하게 된다. 그런데 뇌내에는 신경계로부터 편도체에 직접적으로 시각 정보를 보내는 경로가 있어서 원숭이의 편도체에는 뱀을 인식하는 세포가 존재하는 것을 알고 있다. 오랜 역사의 어느 시점에서 원숭이가 뱀을 위험하다고 인식해 그것이 유전자에 각인된 것이다. 원숭이가 뱀이나 고무호스를 본 순간에 공포를 느껴 도망치는 것은 그 때문이다.

슬픔이나 분노와 달리 공포는 '원인이 되는 사건을 전두전야가 평가한다.'는 과정이 없는 경우가 많다. 그것이 '공포'라는 감정의 특징이라고 말할 수 있다. 그 때문에 원숭이가 고무호스를 보고 공포를 느끼는 '오작동'이 생겨 버리는 것이지만, 이는 위험에 직면하고 순간적인 판단이 요구될 때에는 필요한 시스템이다.

가령 산길을 걷고 있는데, 앞쪽에서 갑자기 멧돼지가 돌진해 왔다면 우리들은 순간적으로 '파이트 오어 플라이트(Fight or Flight, 싸울 것인가 피할 것인가)'를 결정하지 않으면 안 된다. 이때는 대뇌변연계가 활성화되고 전두전야의 기능이 억제되어 IQ가 떨어진다. 전두전야에서 '멧돼지가 어느 정도의 속도로 다가오는가' 등 논리적으로 생각할 시간은 없어 직감적인 판단이 뛰어난 대뇌변연계의 기능이 필요하기 때문이다. 만일 대뇌변연계가 '싸워서 잡고 싶다.'고 판단한다면 뇌내에 도파민과 노르아드레날린이 분비되어 싸울 태세를 순식간에 갖출 수 있다. 한편, 대뇌변연계가 공포를 느껴 '도망가고 싶다.'고 판단하면 도망가기 위한 태세를 갖출 수 있다.

현대인에게는 그다지 필요 없는 '공포'라는 감정

'파이트 오어 플라이트(Fight or Flight)'와 같은 시스템 덕분에 생물은 포식(捕食)하거나 위험을 피할 수 있다. 인류도 진화의 과정에서 이런 시스템을 보존했기 때문에 종족을 유지시켜 번영할 수 있었던 것이다.

그러나 현대인에게 있어서 '공포'는 기본적으로 그다지 필요 없는 감정이다. 인류는 지식과 논리에 의해서 유전자에 입력된 공포 정보에 의지하지 않고 다양한 위험을 피할 수 있도록 되어 있기 때문이다. 예를 들면, 우리들은 어릴 때부터 불이나 물을 다루는 법을 배웠기 때문에 필요 이상으로 공포심을 갖지 않아도 위험을 피할 수 있다.

그런데 공포를 전달하는 정보회로는 지금까지도 뇌내에 남아 기능하고 있다. 거기에 지식이 늘어남에 따라 현대인은 눈에 보이지 않는 추상적인 것, 즉 방사능과 같은 공포까지 기억하도록 되어 있다.

공포를 컨트롤하는 방법

1 '당연한 공포'인가, '무의미한 공포'인가를 파악한다

우선 자신이 느끼고 있는 공포의 종류를 파악한다. 괴한에게 습격당하거나 재해를 입는 등 신변이 위험에 직면한 경우는 '당연히 반응해야 할 공포'다. 그 외에는 반응한다 해도 의미 없는 공포다.

예를 들면, '회사를 그만두면 먹지 못하게 된다.'는 공포. 확실히 인류의 편도체에는 수렵에 대한 동기 부여(Motivation)를 높이기 위해 '굶주림의 공포'가 각인되어 있는지도 모르겠다. 그러나 현대 사회에서는 회사를 그만둔다고 해서 '당장 먹을 수 없는' 것은 아니니 그런 공포에 반응할 필요가 없다.

2 패닉(혼란 상태)을 최소화한다

공포를 느끼면 먼저 뇌의 도피질(島皮質)과 시상(視床)이 계속해서 편도체 등 대뇌변연계가 활성화되어 전두전야의 기능이 억제된다. 게다가 공포의 감정이 대뇌변연계에서 증폭되어 뇌 전체에 퍼지면 점점 IQ가 내려가 냉정한 판단이 불가능하게 되고, 신체에도 숨이 차거나 몸이 떨리는 등 다양한 반응이 나타난다. 이런 상태를 '패닉(Panic)'이라고 한다.

사람이 공포를 느끼는 것은 보통 잠깐의 순간이지만 뇌나 신체가 한 번 패닉에 빠지면 곧바로 회복되지 않는다. 사실 '공포'라는 감정보다 더 위험한 것이 이 '패닉'이다.

패닉을 막을 수 있는 최고의 방법은 신체 상태를 냉정하게 분석하는 것이다. 공포를 느낄 만한 사건이 일어났다면 심장 박동의 속도나 호흡 상태를 인식하여 신체 상태를 관찰한다.

그러나 갑자기 대재해가 덮쳤을 때는 어쩔 수 없이 공포가 패닉으로 바뀌어 버린다. 그 경우는 먼저 '나는 공포를 느끼고 있다.'고 생각하고 공포 감정을 받아들인 다음, 전두전야를 움직이도록 신경 쓴다. 정확한 정보를 얻는다든가, 자신이 놓인 상황을 객관적으로 파악한다든가, …….

어쨌든 생각을 이리저리 하는 것으로 전두전야가 활성화되어 대뇌변연계의 기능을 억제시켜 패닉이 오래 지속되는 것을 막을 수 있다.

"아휴, 당황해서 쩔쩔매다니 한심하군."이라는 정도로 자신을 자책하는 것도 방법 중 하나다. 공포 체험이 현장감을 갖게 되면 바로 뇌에서 생생하게 재생되어 외상 후 스트레스 장애(PTSD, Post Traumatic Stress Disorder)가 일어나게 되는데, 스스로를 자책하는 것으로 이를 미리 예방할 수 있다. 또는 음악을 듣거나 TV를 보는 등 다른 현장감을 만들어 주는 것도 효과가 있다.

불안

나와 내가 소중히 여기는 것이 무엇인가로부터 위협당하고 있다고 느껴지기도 하고, '뭔가 좋지 않은 일이 일어나는 것은 아닐까?' 하고 느껴지기도 해서 마음이 불안한 상태. 가슴이 답답해지거나 표정이 굳어지는 등 신체적 반응이 일어나는 경우가 많다.

진심으로 불안하게 되는 것은 인간뿐

사람이 불안한 마음이 드는 것은 앞으로 공포를 느낄 만한 상황이 벌어질지도 모른다고 예측을 하기 때문이다. 슬픔이나 분노는 과거의 상황에서 발생하지만, 불안은 인간이 상상한 미래에서 발생한다. 또, 공포는 기본적으로는 '곧 닥칠 위험'에 대해 느끼는 것이지만 불안은 적어도 몇 시간, 길게는 수년 후에 닥칠 위험에 대해 느끼는 것이다.

즉, 불안감을 느끼려면 시간과 공간을 넘어 추론이나 예측이 필요 불가결한 것으로, 이는 전두전야가 발달한 인간이기에 가능한 것이라고 말할 수 있다. 진심으로 불안하게 되는 것은 인간뿐인 것이다.

'불안'에는 빌리프 시스템이 관여하고 있다

'불안'에는 빌리프 시스템이 크게 관여하고 있다. 전두전야는 'A라는 사건이 일어나면 B라는 사건이 일어난다.'는 다양한 인과관계의 패턴을 인식하고 있다. 이것이 빌리프 시스템이며, 그 사람의 자아나 세계관을 형성하는 기초가 되고 있다.

인간이 무언가를 체험하거나 생각해서 뇌에 무언가로부터 정보가 들어오면, 뇌는 그것을 빌리프 시스템에 대조시키고 평가한다. 그 결과, '이 정보가 들어왔다는 것은 앞으로 나에게 이런 공포 체험이 일어날 가능성이 있다.'는 추론이 도출되면 뇌는 불안을 느끼도록 되는 것이다.

|||||||||||| 즐겨도 좋은 '불안'도 있다

불안에도 여러 가지가 있는데, 그중에는 '느껴도 좋은 불안'과 '느낄 필요 없는 불안'이 있다.

'느껴도 좋은 불안'으로서 우선 들 수 있는 것은 '늙음'과 '죽음'에 대한 불안이다. 인류는 어떤 시점이 되면 '인간은 반드시 늙는다.', '인간은 반드시 죽는다.', '그것들을 인간의 힘으로 조종할 수는 없다.'는 진리를 깨닫게 된다. 아마도 그때부터 노화나 죽음에 대한 불안이 생겨날 것이다.

그러한 불안에 대처하기 위해 생겨난 것이 종교와 철학이다.

살아 있는 한 자기 힘으로 할 수 없는 일은 반드시 있을 것이고, 그리하여 불안도 생긴다. 그리고 불안이 있기에 인간은 자신의 인생과 마주하고 깊게 사고할 수 있다.

그러므로 '늙음'과 '죽음'에 대한 불안처럼 느껴도 좋은 불안에 관해서는 '자신이 불안을 느끼고 있다.'는 것을 제대로 인정하고 무리하게 벗어나려고 애쓰지 않으며, 그 감정을 즐기면 좋은 것이다.

'느낄 필요 없는' 불안을 해소하는 방법

1 리스크를 상세하게 파악한다

느낄 필요 없는 불안으로는 우선, '뭔가 문제가 생기면 어떡하지?', '납기일을 못 맞추면 어떡하지?' 하는 업무상의 불안을 들 수 있다. 사람이 이러한 불안을 느끼는 것은 단순히 미래를 정확하게 예측할 수 없고, 또 예측한 미래를 피할 대처가 제대로 마련되지 않았기 때문이다.

예측 가능한 일이나 리스크에 대해 아무 것도 하지 않는다면 당연히 불안은 해소되지 않는다. 자신이 처한 상황이나 앞으로 일어날 수 있는 사건, 발생 가능한 리스크 등을 확실히 파악하고 적절하게 대처한다면 '막연한 불안감'은 줄어들 것이다.

2 빌리프 시스템을 바꾼다

'느낄 필요 없는' 불안에는 그 밖에도 잘못된 빌리프 시스템에 의한 불안도 있다. 가령 회사를 그만두고 뮤지션이 되고자 하는 사람이 부모님이나 상사로부터 "뮤지션은 밥벌이하기 힘들어."라는 조언을 듣고 불안해지는 경우다. 실제로는 뮤지션으로 제법 성공한 사례가 많은데도 부모님이나 상사의 조언, 겉으로 보이는 세간의 이미지 때문에 '뮤지션=가난하다'라는 잘못된 빌리프 시스템이 구축되어 뇌가 그것을 기준 삼아 '장래에는 위험한 상황이 벌어질 수도 있다.'고 판단한다. 그 결과 불안이 생기는 것이다.

이러한 불안을 해소하기 위해서는 빌리프 시스템 자체를 바꿀 필요가 있다. 정확한 정보를 수집해 '뮤지션이 되면 정말로 밥벌이하기가 힘든 지', '뮤지션으로 밥벌이하려면 어떻게 해야 하는지'를 전두전야를 움직여 다양한 각도에서 철저히 생각하는 것이다. 그 결과로 '뮤지션=가난하다'라는 빌리프 시스템을 바꿀 수 있게 된다면 불안도 사라지게 된다.

3 현장감 공간에서 벗어난다

너무나도 불안이 심해지면 때로는 그것이 '공포'로 바뀐다. 불안을 일으키는 것은 어디까지나 '장래에 공포가 될 만한 일이 일어날지도 모른다.'는 예측에 불과한 것이 마치 그런 상황이 곧 확실히 일어날 것처럼 뇌가 착각하고 공포 회로를 작동시키는 것이다. 그렇게 되면 대뇌변연계가 활성화하여 전두전야의 기능이 약해지므로 사고나 논리로 빌리프 시스템을 바꿀 수 없게 되어 불안을 처리하기 어렵게 된다.

예를 들어, 어떤 기업의 사장이 '월말에 5천만 원의 어음을 해결하지 못할지도 모른다.'는 불안감에 휩싸인다. 그 불안감이 공포로 변하게 되면 전두전야의 움직임이 억제되어 냉정한 판단이 불가능해져 결국 '5천만 원의 어음을 해결하지 못하면 부도를 내고, 은행 거래가 중지될 것이며, 회사는 망해 전 직원과 내 가족은 길바닥에 나앉게 될지도 모른다.'며 공포의 감정만이 점점 증폭될 것이다.

이런 경우는 일단 '현장감 공간(지금 그 사람이 현장감을 느끼고 있는 세계)'으로부터 벗어날 필요가 있다. 며칠간 해외로 떠나도 좋고, 시간의 여유가 없다면 짧은 일정으로 국내 여행을 다녀와도 좋다.

한번 현장감 공간에서 벗어나면 공포 회로의 작동이 잦아들게 되어 공포를 증폭시켰던 대뇌변연계의 움직임이 줄어들면서 전두전야가 활성화하게 된다. 그에 따라 새로운 해결책을 찾게 되거나 대출금을 융통할 만한 곳을 떠올리게 될지도 모른다. "뭔가를 하지 않으면 불안하니까"라면서 매일 자금 마련을 위해 여기저기 뛰어다니기만 한다면 현장감 공간을 벗어날 수 없어 공포만 점점 증폭될 것이다.

4 전두전야를 재활성화시키는 제3자 시점

심한 불안이나 공포는 대뇌변연계를 활성화시켜 전두전야의 활동을 억제하기 때문에 IQ가 떨어져 냉정한 판단이 어려워진다. 즉 불안이나 공포를 컨트롤할 수 없게 되고, 사람은 결단을 잘못 내리게 된다.

그리고 한번 떨어진 IQ를 자력으로 회복시키는 것은 매우 곤란하다. 매일 반드시 자기 성찰의 시간을 갖고 자신을 온전히 객관적으로 바라보는 트레이닝을 오랜 기간 축적한 사람만이 가능하기 때문이다.

그러므로 어떠한 문제 때문에 불안이나 공포로 두려워질 때, 자기 혼자서 해결할 생각은 하지 않는 것이 좋다. 프로의 조언이나 전혀 이해관계가 없는 제3자의 충고를 구하는 것이 이상적이다. 그들은 분명 진정으로 무엇이 문제인지를 정리하고 일단 현장을 벗어나라는 조언을 해 전두전야가 다시 활성화하는 데 도움을 줄 것이다.

또, 부모님에게 조언을 구하는 것은 피하는 것이 좋다. 이해관계가 없을지라도 너무 친한 나머지 같은 현장감 공간에 빠지기 쉬워 냉정한 판단이 어렵기 때문이다.

후회

뒤늦게 자신이 과거에 한 일이나 하지 못한 일을 아쉬워하는 상태. 후회의 감정이 지속되면 판단이나 행동에 나쁜 영향을 미칠 수 있다.

정확한 사이즈를 확인하고
인터넷에서
샀어야 했는데……

사람이 후회하는 것은 진화의 결과

'후회'도 '불안'과 마찬가지로 다른 동물에게는 없는 인간에게만 부여된 감정이다. 후회는 '그때 다른 행동을 했으면 지금과는 다른 결과로 될 수 있었을 텐데' 하는 식으로, 과거의 선택에 따라 현실로 이루어질 가능성 있는 세계(가능 세계)를 설정해서 그것을 현실과 비교해 '가능 세계 쪽이 좋았다.'고 느껴 발생한다.

현실 세계와 같을 정도의 리얼한 가능 세계를 설정하려면 시공을 넘나드는 추론이 가능해야만 한다. 다시 말하면, 후회하는 것은 고도의 발전된 전두전야의 활동이 반드시 필요하다는 것이다.

따라서, 만일 후회의 상념이 밀려온다면, 일단 '지금 내가 후회하고 있는 것은 인류가 진화한 결과인 것'이라고 생각해 보자.

후회는 백해무익하다

'후회'는 매우 비생산적인 감정이다. 아무리 과거의 가능 세계를 리얼하게 설정한들 우리들이 살고 있는 곳은 '현실 세계' 단 하나뿐이다. 물론 상상하고 즐기는 것은 자유지만 그것과 현실 세계를 비교하며 '가능 세계 쪽이 좋다.'고 생각하는 것은 전혀 의미가 없다.

또, 어떤 과거의 일을 전전긍긍하며 계속 후회한다면 그 기억이 트라우마(외상 후 스트레스 장애)가 되어 현실 세계에서의 판단이나 선택, 행동에 나쁜 영향을 줄 수 있다.

예를 들어, 일이 바빠서 소중한 사람의 임종을 지키지 못한 것을 심하게 후회한 나머지 결국 일을 못하게 되는 경우도 있다. 그러므로 후회란 백해무익한 것이다.

현실 세계와 가능 세계를 비교하는 것은 무의미

인생에 있어서 어떤 한 시점에서의 선택이 틀리지 않았는지를 정확하게 평가하는 것은 불가능하다. 다른 선택을 한 경우의 인생을 실제로 경험해 보지 못하기 때문이다.

또, 현실 세계와 가능 세계를 비교한다 해도 현 시점에서 비교하는 것인지, 10년 후를 비교하는 것인지, 20년 후를 비교하는 것인지에 따라 평가는 크게 달라진다.

예를 들어, 어떤 사람이 취직할 때 A사가 아닌 B사를 선택한 것을 후회한다고 가정해 보자. 그는 현 시점에서는 A사에 입사하는 쪽이 일도 재미있고 월급도 좋을 것이라고 생각할지도 모른다. 하지만 A사에 들어가면 괴팍한 상사를 모실 가능성도 얼마든지 있다. 또 10년 후, A사의 경영이 악화되어 퇴사 압박을 당하게 될지도 모른다. 그러므로 확실히 알지 못하는 이상, 그 비교는 무의미하다.

후회하지 않고 살아가는 방법

1 현실 세계를 긍정적으로 평가한다

어떻게 생각하느냐에 따라 현실 세계와 가능 세계의 평가는 얼마든

후유, 살았네!

지 바뀔 수 있다. 그렇다면 존재하지도 않는 가능 세계보다 현실 세계를 긍정적으로 평가하는 쪽이 희망적이고 건전하지 않을까?

본래 어떤 선택을 할 때 인간은 대개 좋아 보이는 쪽을 선택하기 마련이다. 일부러 나쁜 쪽을 고르는 사람은 없다. 즉, 현실은 항상 더 좋은 쪽의 선택을 반복한 결과 얻어낸 '최고의 결과'라고 할 수 있는 것이다.

2 하고 싶은 것을 계속한다

일부러 현실에 대해 부정적인 평가를 하는 사람은 자존감이 낮은 사람, 자기 자신에 대한 신뢰도가 낮은 사람이라고 할 수 있다. 그런 사람은 살아가는 동안 어떤 선택을 할 때마다 자신이 없기 때문에 세상의 잣대, 세상의 상식, 타인의 의견 등을 기준으로 삼는다. 스스로가 명확한 의견을 가지고 선택한 결과가 아니기에 아무래도 '다른 선택을 했으면 좋았을 텐데' 하는 생각을 떨칠 수 없는 것이다.

부인

상사

그러므로 후회하지 않기 위한 가장 단순한 방법은 자신이 하고 싶은 것을 계속하는 것이다. 항상 '이렇게 하고 싶다.'는 마음으로 선택을 하면 다소 기대에 못 미치는 결과를 얻더라도 "하고 싶은 것을 했으니 됐어.", "선택하고 싶었던 것을 골랐으니까 그걸로 된 거야." 하고 생각하게 될 것이다.

3 미래의 선택에 시간을 들인다

후회하지 않고 살아가는 방법으로 또 한 가지가 있다. 그것은 미래의 선택에 시간을 들이는 것이다. 후회할 때 단정하는 것은 과거의 가능 세계지만, 당연히 사람은 미래의 가능 세계를 상상할 수 있다.

과거의 가능 세계를 단정하고 후회할 정도라면 미래의 가능 세계를 이리저리 상상해서 그 안에서 어느 것을 선택하면 좋을지를 천천히 느끼면서 고민하는 쪽이 훨씬 건설적이다. 나아가 진심으로 최선이라고 생각되는 것을 선택한다면 어떤 결과든 후회는 없을 것이다.

불 만

지금 처한 상황에 납득하지 못하고 부족함을 느끼는 상태. 욕망이나 욕구가 자신의 능력 부족, 주위의 환경 등 어떤 원인에 의해 저지당해 생긴다.

||||||||||||| '불만'에는 두 종류가 있다

'불만'은 크게 나누면 '자기 상황에 대한 불만'과 '타인에 대한 불만' 두 종류가 있다.

자기 상황에 대한 불만이라는 것은 '열심히 일하는데도 수입이 적다.', '나도 큰 꿈이 있는데 지금은 그것과는 전혀 다른 일을 하고 있다.', '하고 싶은 것이 많은데 매일 바빠서 좀처럼 할 수가 없다.' 와 같은 것들이다.

한편, 타인에 대한 불만이라는 것은 '가족의 버릇이나 행동이 맘에 들지 않는다.', '부하의 행동이 못마땅하다.', '맛집으로 소문난 식당에 갔더니 별로였다.'와 같은 것들이다.

||||||||||||| '타인에 대한 불만'은 갖지 않는 것이 좋다

두 종류의 불만 중 가능하면 갖지 않는 것이 좋은 것은 '타인에 대한 불만'이다. 당연한 말이지만 타인은 자신이 아니기 때문이다. 그리고 사람이 다른 사람의 행동을 100% 완벽하게 생각이 통하도록 움직이는 것은 불가능하다.

그러나 타인에 대한 불만을 가지기 쉬운 사람은 "나는 절대로 나쁘지 않아.", "난 일방적으로 피해를 입었어.", "나쁜 것은 그니까 그가 행동을 고쳐야 해." 하는 경향이 강해서 늘 해소할 수 없는 불만을 품고 있게 된다.

'자기 상황에 대한 불만'은 삶을 바꾸는 계기가 된다

반대로 '자기 상황에 대한 불만'은 갖는 편이 좋다. 자신의 행동은 자신의 의식에 따라 얼마든지 바꿀 수 있다. 그리고 행동이 바뀌면 상황이 바뀌어 불만은 해소된다. 즉, 자기 자신에 대한 불만은 앞으로 나아가는 원동력이 된다.

세상에는 부모나 학교에서 권하는 대로, 혹은 '남들 보기에 좋으니까', '월급이 괜찮으니까'라는 이유로 유명 대기업에 근무해 남부럽지 않게 살고 있으면서 마음 어딘가에 충족감 없이 살아가는 사람도 있다. 그런 사람은 대개 마음 저 밑바닥에 간병인처럼 직접적으로 사람들에게 도움이 되는 일을 하고 싶다거나 회사를 그만두고 사업을 해 보고 싶다는 생각을 한다.

세상이나 주변 사람들, 각종 매체 등에서 '좋다'고 하는 것을 그대로 받아들이는 것은 본인 자신이 갖고 있는 것을 버리고 타인의 가치관에 따라 살아가는 것이다.

사람은 자기가 진짜 바라는 것이 아닌 타인이 바라는 것을 손에 넣어서는 온전히 만족할 수 없는 것이다.

갖지 말아야 할 불만, 가져야 할 불만

타인에 대한 해소되지 않는 불만을 가지고 있으면 심신에 스트레스를 받아 긴장 상태가 된다. 그러면 대뇌변연계가 활성화하고 전두전야의 활동이 억제되어 사고 능력이나 판단 능력이 떨어진다. 그러므로 '타인에 대한 불만'은 없는 게 좋다.

한편, '자기 상황에 대한 불만'은 '자신의 진짜 소망', '자신에게 정말로 소중한 것'을 깨닫는 계기가 되기 때문에 갖는 것이 좋다고 할 수 있다.

불만을 컨트롤하는 방법

1 '나는 절대로 나쁘지 않다.'는 생각을 버리면 타인에 대한 불만을 컨트롤할 수 있다

불만이라는 감정을 컨트롤하려면 어떻게 해야 할까?

우선, 타인에 대해 항상 불만을 가져 짜증나는 사람은, '나는 절대로 나쁘지 않다.'는 생각을 버리고 '나에게도 뭔가 나쁜 점이나 부족한 점이 있지 않은지' 생각하도록 하자. 열심히 생각하는 것으로 전두전야가 활성화되어 짜증나는 마음이 억제된다.

또, '나에게도 나쁜 점이 있다.'고 깨닫게 되면 자신의 생각이나 행동을 되돌아보게 되어 바꾸는 것이 가능하다. 내가 변하면 타인의 행동에 대한 생각도 바뀌어 어쩌면 주변 사람들의 행동이나 태도도 바꾸게 되지 않을까? 무작정 남에게 불만을 가져 남을 바꾸려는 것보다 훨씬 간단하게 상황을 호전시켜 불만을 해소시킬 수 있다.

'타인에 대한 불만' 이면에는 '자기 상황에 대한 불만'이 숨어 있기도

하다. 사실은 생각한 대로 살아가지 못하는 자신에게 불만을 안고 있
는 것으로, 그 스트레스를 타인한테 푸는 경우가 결코 적지 않다. '나는
절대로 나쁘지 않다.'는 생각을 버리고, 자신을 객관적으로 바라봄으로
써 불만의 '진짜 원인'을 알게 될 것이다.

2 '자기 상황에 대한 불만'은 '현상 밖'에 목표를 설정하고 행동을 바꿀 기회

'자기 상황에 대해 불만'이 있는 사람은 굳이 불만을 해소하려 하지
말고 '꿈', '목표'를 설정하자. 단, 그 목표는 누군가의 가치관에 따른 것
이 아닌, 어디까지나 나 자신이 진정으로 바라는 것이어야만 한다. 가
지고 싶은 것, 하고 싶은 것을 찾게 되면 그것이 마음속에서부터 우러
나온 진심인지, 타인의 말이나 정보에서 영향을 받은 것은 아닌지 신중
히 고심해 본다.

또한 목표 지점은 반드시 '현상 밖'에 설정해 둔다. 현상 내 목표는 현
상 유지하는 미래밖에 없기 때문이다.

'현상'에는 '현재 상황의 연장선상에 있는 것', '현상을 바꾸지 않으면 일어날 수 있는 것'을 포함하고 있다. 예를 들면 5년 후에 과장이 된다든가, 30년 후에 이 회사의 사장이 된다든가 하는 목표는 그 회사에서 근무하는 한 가능성은 낮더라도 일어날 수는 있는 일이므로 '현상 안의 목표'가 된다. 하지만 책을 한 번도  출간한 적도 없고, 농사를 지은 적도 없는 회사원이 무턱대고 '작가가 되어 밀리언셀러 책을 내고 싶다.', '내가 직접 밭에서 키운 채소를 전국에 팔고 싶다.'고 생각한다면 그것은 '현상 밖의 목표'가 된다.

목표를 설정하면, 예를 들어 "나는 작가로서 베스트셀러를 여러 권 출간하였고, 많은 독자로부터 사랑을 받으며, 충실한 나날을 보내고 있다."라고 종이에 적어 두고 매일 큰 소리로 읽으면서 목표를 달성한 상황을 가능하면 실제 상황처럼 상상해 본다.

인간의 뇌에는 현장감이 높은 것을 현실로 생각해 거기에 자신의 의식과 행동을 합치려고 하는 성질이 있다. 현상 밖에 목표를 설정하면 자연히 행동이 바뀌고, 언젠가 불만투성이인 상태에서 벗어나 있는 나 자신을 발견하게 될 것이다.

긴 장

낯선 장소나 사물 등에 직면해 마음이 긴장한 상태. 몸이 뻣뻣해지고, 혈관이나 근육 수축, 심박수 상승, 발한, 식욕 저하, 호흡 곤란 등 신체적 반응이 일어나는 경우가 많다.

긴장의 근저에는 '공포', '불안'이 있다

시험이나 시합, 면접, 발표 등을 할 때 긴장해서 숨이 차거나 식은땀이 나고 머릿속이 하얘져 실력 발휘를 제대로 하지 못했던 경험이 있는 사람이 많을 것이다.

긴장은 심신이 스트레스를 받아 생긴다. 긴장했을 때 두근거리거나 호흡이 거칠어지기도 하고, 땀이 나기도 하며, 위장 상태가 불편해지는 것은 스트레스에 의해 교감신경이 우위로 되기 때문이다.

또, 시험이나 시합으로 긴장할 때 그 근저에는 "실패하면 어떡하지?", "이 시합에 지면 큰일인데……." 하는 마음이 있다.

그 때문에 공포나 불안을 느꼈을 때와 마찬가지로 편도체가 활성화하여 감정을 증폭시키는 한편, 전두전야의 기능이 억제되어 IQ가 떨어지게 된다.

이처럼 긴장은 논리적 사고나 이성적인 사고가 필요한 경우에는 방해되지만 생물에게는 필요한 감정이기도 하다.

예를 들면, 산길을 걷는데 눈앞에 멧돼지가 갑자기 돌진해 왔을 때, 결국 파이트 오어 플라이트 상태에 놓였을 때 사람은 긴장한다. 그리고 신경이 과민하게 되고 특정 사물에 대한 집중력이 높아진다. 치밀한 사고를 동반하지 않는 순간적인 행위에 대해서는 긴장 상태가 좋은 효과를 가져오는 경우가 많다.

어웨이에서 능력을 발휘하지 못하는 이유

스포츠 세계에서는 흔히 '홈(Home)', '어웨이(Away)'라는 말이 사용된다. 야구에서도, 축구에서도 홈과 어웨이에서는 시합 결과에 차이가 생기기 마련인데, 거기에도 긴장의 정도가 크게 관여된다.

'홈경기'라면 선수들은 긴장 없이 편안하게 시합하는 것이 가능하지만 '어웨이 경기'에서는 IQ가 떨어지고 몸도 굳어져서 늘 하던 플레이도 곤란하게 된다.

이러한 '홈'과 '어웨이'에서의 컨디션 차이를 없애기 위해 이용하는 것이 코칭 기술이다. 코칭의 세계에서는 '홈'을 '컴포트 존(Comfort Zone)'이라고 부른다. '컴포트 존'이라는 것은 '사람이 편안하다고 느끼는 영역'을 말한다.

사람은 이 '컴포트 존'에서는 편안한 마음으로 행동하고 상황을 냉정하게 판단할 수 있게 된다. 즉, 어웨이에서도 홈에서와 마찬가지로 안정감 있게 능력을 제대로 발휘하려면 어웨이를 '컴포트 존'이라고 여기면 좋은 것이다.

이것은 물론 스포츠에만 국한된 것이 아니다. 시합이나 면접, 발표 등에도 적용될 수 있다.

항상 긴장이 떠나지 않는 현대인

본래 사람은 오랫동안 긴장할 수 없다. 스트레스로 긴장을 하고 교감신경이 우위가 되면 몸에 다양한 부담이 생기기 때문이다. 긴장 상태를 유지하는 것은, 원래는 길어야 몇 분에서 몇 시간 정도다. 그리고 긴장 뒤에는 반드시 부교감신경이 우위가 되어 편안한 상태가 찾아온다.

그런데 교감신경에서 부교감신경으로의 전환이 원활하지 않으면 긴장이 오랫동안 지속돼 심신에 많은 영향을 끼친다. 사실 현대인의 대다수가 이런 상태로, 그 원인은 뇌의 진화와 신체 진화와의 차이에 있다.

아주 먼 옛날과 현대를 비교하자면, 인간의 뇌는 크게 진화했지만 신체는 뇌만큼 진화하지 않았다. 인간의 뇌가 당연하다고 인식하는 환경과 신체가 당연하다고 인식하는 환경에는 큰 차이가 있는 것이다.

가령, 밤길을 걷는데 자동차의 경적소리가 났다고 하자. 현대인의 뇌는 그런 환경에 익숙해서 크게 놀라지는 않지만 신체는 사실 그때마다 화들짝 놀란다. 뇌만 환경의 변화에 적응되어 있기 때문에 신체가 하루 종일 그런 스트레스를 받아 긴장하고 있는 것을 알아차리지 못하는 것이다.

다시 '홈'과 '어웨이'로 가면, 우리 몸에 있어서 21세기 우리의 환경은 '어웨이'이므로 이대로 방치하면 신체의 긴장은 풀리지 않는다. 적어도 밤에 자기 전에는 목욕을 하면서 천천히 몸을 따뜻하게 해 편안하게 하거나 심호흡을 하는 등 강제적으로 부교감신경을 우위에 있도록 신경을 써야 한다.

긴장을 컨트롤하는 방법

'어웨이를 홈'으로 바꾸는 방법

어웨이를 컴포트 존으로 하기 위해서는 일단 '익숙해지는 것'이 최고다. 사람의 뇌는 집이나 직장, 학교 등 낯익은 것이 많은 환경을 '컴포트 존'으로 인식하고 낯선 환경에서는 공포와 불안을 느껴 곧 '어웨이'로 인식하는 경향이 있다. 따라서 처음 가는 장소나 그다지 익숙하지 않은 장소에서도 낯설다고 느끼지 않게 되면 '컴포트 존'이 될 수 있다.

그중 효과적인 방법은 이미지 훈련이다. 처음 방문하는 곳에서 시험을 보거나 시합을 할 때는 사전에 미리 답사해 보는 것을 추천한다. 거리가 멀어서 답사까지 하기 힘들다면 인터넷 등으로 미리 사진을 봐둔다.

그리고 편안한 마음으로 시험이나 시합을 치르는 자신의 모습을 가급적 구체적이고 사실적으로 이미지화한다. '실력을 제대로 발휘해서 기뻐하는 자신의 모습'처럼 그때의 긍정적인 감정을 이미지화하면 더욱 좋다.

장소나 상황에 익숙해지려면, 물론 같은 장소에 여러 번 방문하고 같은 경험을 쌓는 것이 가장 좋은 방법이다. 그러나 실제로 일어났거나 경험하지 않은 일이라도 사실적인 이미지를 머릿속으로 상상할 수 있다면 뇌는 그것을 '익숙한 장소', '이미 경험한 일'로 처리한다. 그 결과 어웨이는 홈이 되고, 심신이 편안해지면서 실력을 충분히 발휘할 수 있게 된다.

혐오

불쾌함이 느껴지는 사람이나 물건 등을 미워하고 싫어하는 상태. 혐오의 정도에 따라 소름돋는다, 등골이 오싹하다, 구역질이 난다 등 신체적 반응이 일어나는 경우도 있다.

'혐오'는 두 가지로 분류할 수 있다

혐오의 감정은 크게 '생리적 혐오'와 그 밖의 혐오, 두 가지로 분류된다.

생리적 혐오의 대부분은 편도체에서 발생한다. 원숭이의 편도체에 뱀 같은 것을 무서워하는 유전자가 포함되어 있는 것처럼 인간의 편도체에는 '혐오할 만한 것'이 정보로서 포함되어 있다.

그리고 맛, 냄새, 소리, 촉감 등 오감 정보가 곧바로 편도체에 보내져 혐오할 만한 것의 정보와 맞게 되면 혐오감이 생긴다. 이 프로세스에 의해 맛없는 음식이나 냄새가 나는 것, 모기가 날아다니는 소리 등에 대해 순간적으로 느끼는 감정이 '생리적 혐오'로, 이때 전두전야는 전혀 관여하지 않는다.

이러한 혐오는 감염을 유발시키는 벌레나 독 등 위험한 것으로, 자신의 생명을 위협하는 것으로부터 몸을 지키기 위해 생기는 것이다. 그 외에 생리적 혐오는 기본적으로 느끼지 않는다.

'사람'에 대한 '생리적 혐오'는 있을 수 없다

한편, '생리적 혐오' 이외의 혐오는 전두전야의 기능에 의해 생긴다. 이 경우, 뇌에 입력된 정보가 전두전야에서의 사고와 해마 등의 기억을 통합하고 완성된 다양한 패턴과 조합되어 '혐오할 만한 것'이라는 패턴과 합치했을 때 혐오감이 발생한다. 이런 혐오는 전두전야가 발달한 인간만이 가지는 특유한 감정이라고 할 수 있다.

보통 "저 사람이 생리적으로 싫어."라는 말을 자주 듣는데, 이는 잘못된 표현이다. '생리적 혐오'라고 생각하고 있는 대부분은 사실 이 전두전야에서 유래한 혐오인 것이다.

생리적 혐오는 기본적으로 인간 이외의 것이나 동물에 대해서 생기는 것으로, 같은 인간에 대해서는 느낄 수 없다.

특히 위험성이 없는 것이나 사람에 대해 혐오감을 갖는 경우는 부모나 학교, 미디어를 통해 전달된 정보를 통해 습득한 생각 또는 가치관, 상황을 근거로 한다. 이런 정보를 근거로 전두전야가 사고의 패턴을 만들어 버리는 것이다.

예를 들면, 피부색이 다른 사람에게 생리적 혐오감을 느낀다는 사람이 있는데, 피부색이 다르게 태어난 신생아 두 명을 아무런 선입견도 없이 함께 키우게 한다면 분명 혐오감은 생기지 않을 것이다.

또, '땀 많은 뚱뚱한 사람이 싫다.'는 경우는 전두전야가 '땀은 더럽다.', '뚱뚱한 사람은 아름답지 않다.'는 지식·정보·가치관을 조합하여 '땀 많은 뚱뚱한 사람은 싫다.'는 사고의 패턴을 만들어 버리는 것이다.

전두전야와 대뇌변연계를 갖춘 인간의 까다로움

'생리적 혐오' 이외의 혐오는 전두전야의 기능에 의해서 발생하지만 '싫다'는 감정 레벨을 증폭시키는 것은 편도체이다. 그리고 그것이 '혐오'라는 감정 방식을 조금 까다롭게 하고 있다.

예를 들면, 어떤 범죄를 저질러 체포된 사람의 가족이 사람들로부터 혐오당하고, 심지어 밤중에 살고 있는 집에 돌을 던지는 것은 옛날부터 있던 일이다. 냉정하게 생각하면 범죄를 저지른 사람과 그 가족은 별개의 인격으로, 가족을 혐오할 논리적 근거는 전혀 없다. 게다가 집(건물)에는 어떤 책임도 없다. '혐오'라는 감정에 연관된 것이 사고를 담당하는 전두전야뿐이라면 '가족이나 집을 혐오하는 것은 전혀 의미가 없다.'는 판단이 내려질 것이지만, 편도체에 의해서 감정이 증폭되어 전두전야의 활동이 억제되기 때문에 '범죄를 범한 사람의 가족이나 집을 혐오해도 된다.'는 잘못된 논리적 추론이 도출되어 버린 것이다.

또, '인적이 드문 밤중에 돌을 던진다.'는 계획적인 행위가 가능한 것도 전두전야가 발달된 인간뿐이다. 원시적인 뇌와 진화한 뇌를 갖춘 인간은 그래서 성질이 나쁘다고 할 수 있다.

'혐오'라는 감정을 컨트롤하는 방법

'혐오감', 진화한 인류에게는 이제는 필요 없는 감정이다. '혐오'는 본래 위험한 것, 생명을 위협하는 것을 피하기 위해 생긴 감정인데, 인간은 그것 없이도 사고나 기억에 따라 위험을 감지할 수 있기 때문이다.

그런데도 아직까지 사람이 많은 것에 대해 혐오감을 느끼는 것은 전두전야가 잘못된 사고 패턴을 만들어 버렸기 때문이며, 편도체가 짓궂게 감정을 증폭시키기 때문이다. 혐오의 감정을 기준으로 행해지는 행동은 논리적으로는 대개 잘못된 것이라고 할 수 있다.

혐오나 증오의 감정을 조종하기 위한 가장 좋은 방법은 전두전야를 활동시키는 것이다. 편도체는 한번 우위에 오르면 점점 더 활성화한다. 이것이 혐오나 증오의 감정이 오랫동안 지속되는 이유다. 하지만 전두전야를 활성화시키면 대뇌변연계의 활동이 억제되어 비록 순간적인 혐오감이 발생한다 해도 쓸데없이 감정이 증폭되지는 않는다.

무언가가 싫다고 느껴진다면 그 감정이 왜 일어나는지를 논리적으로 생각해 보자. 만일 '피부색이 다른 사람이 싫다.'는 생각이 들면 어릴 때로 되돌아가 언제 누구에게 받은 영향에 의한 정보와 가치관인지, 어째서 그런 사고의 패턴이 만들어졌는지 철저히 검증한다. 그러면 편도체의 활동이 억제될 뿐 아니라, '진짜 혐오할 만한 것은 정말로 존재하지 않는다.'는 사실을 깨닫고 '혐오'라는 필요 없는 감정에 휘둘리지 않게 될 것이다.

수치심

자신의 결점이나 부족한 점, 잘못된 행동 등에 대해서 면목 없다고 생각하는 상태. 얼굴이 빨개진다, 땀이 난다, 몸이 떨린다 등 신체적 반응이 일어나는 경우가 많다.

▌▌▌▌▌▌▌ '수치심'은 지극히 사회적인 감정

'수치심'이라는 감정은 원래 동물에게는 없는 것이다. 수치심은 자신이나 자신과 관련된 사람이 사회로부터 요구받은 역할을 제대로 하지 못할 때, 또는 자신이나 자신과 관련된 사람의 속성이나 행동이 어떤 사회적인 기준에 부합하지 않는다고 느낄 때, 다른 사람과 비교해서 좀 부족하다고 느낄 때, 어떤 가치관(법률, 논리, 상식 등)에 어긋난다고 느낄 때 등에서 생긴다.

예를 들면, 업무나 학업에 있어서 기대만큼의 결과를 내지 못했을 때, 자신이나 가족의 사회적 지위 또는 수입이 주위에 비해 낮다고 느낄 때, 대충 입고 퍼질러져 있는 모습을 타인에게 들켰을 때 등에서 사람은 '창피하다'고 느낀다. 그러나 남에게 평가되거나, 남과 비교되거나, 들키거나 하지 않으면 '창피하다'는 감정은 생기지 않는다.

결국 수치심은 '자신이라는 존재와 자신의 언행이 남의 눈에 띄어 평가된다.'고 하는 전제가 있어야 비로소 생기는, 지극히 사회적인 감정인 것이다.

▌▌▌▌▌▌▌ '창피하다'는 생각은 자기 자신을 과소평가하게 된다

시험 또는 시합에서 '실력을 제대로 발휘하지 못했다.', '만족할 만한 결과를 내지 못했다.'고 인식하거나 자신의 실력 정도를 그렇게 파악하는 것은 결코 나쁜 것이 아니다. '좀 더 분발해야지.' 하는 적극적인 마음으로 이어질 수도 있기 때문이다.

그럴 때는 단지 '창피하다'고 생각하지 않도록 한다. 만족할 수 없는 결과를 낸 자신이나 실력이 부족한 자신을 창피하다고 여기면 뇌는 자기 자신을 '창피한 존재', '실력이 없는 부족한 인간'으로 저평가해 버리기 때문이다.

자기 자신을 과소평가하게 되면 사람은 무의식 속에서 '만족할 만한 결과를 내지 못한 상태', '실력이 부족한 상태'가 자신에게 잘 어울리고 편안한 상태, 즉 컴포트 존에 있다고 느끼는 것처럼 되어 버린다.

사실은 마음에도 작용하는 '호메오스타시스'

생물에는 외부 환경이 바뀌어도 신체를 일정한 상태로 보존하려는 장치가 있다. 이것을 '호메오스타시스(Homeostasis)'라고 한다.

더울 때 땀을 흘려서 체온의 상승을 억제하거나 당분을 섭취했을 때 인슐린을 분비시켜 혈당량의 상승을 막는 것도 호메오스타시스의 기능이다.

호메오스타시스는 사실 신체뿐 아니라 마음에도 작용한다. 사람은 무의식중에 '나다운', '아늑한'이라고 인식하고 있는 상태를 유지하려 하고, 거기서 벗어나려는 행동을 취하면 저항감을 느낀다.

자기평가가 높고 '나는 멋진 사람'이라고 인식하는 사람은 무의식중에 자신의 능력을 최대한 발휘해 자신의 가치를 높이려는 행동을 한다. 그러나 자기평가가 낮고 '나는 수치스러운 인간'이라고 인식하는 사람은 무의식중에 자신의 가치를 낮추는 듯한 행동을 한다. 그 때문에 점점 더 능력 발휘는 어려워지고 실패하거나 만족할 수 없는 결과로 끝나는 경우가 많게 된다.

나답다

편안하다

호메오스타시스 기능

수치심을 컨트롤하는 방법

1 '나답지 않다.'고 생각함으로써 실패는 줄어든다

'수치심'을 버리는 것은 능력을 최대한 발휘할 수 있는 상태, 자신의 가치가 높아진 상태를 컴포트 존으로 만드는 데 매우 중요하다.

만일 무언가에 실패하거나 만족하지 못한 결과를 얻었을 때 창피해하지 말고 '나답지 않다.'고 생각하도록 하자. 자신의 행동에 대한 자기평가의 방법을 바꾸는 것이다.

그렇게 하면 뇌는 '실패하지 않는 상태, 만족할 만한 결과를 내는 상태가 마음이 편안하고 나다운 상태'라고 인식하게 된다. 그리고 무의식중에 자신의 가치를 높이는 행동을 취해 저항감이 줄어 능력을 최대한 발휘할 수 있게 된다.

2 남의 언행에 의한 '수치'의 감정을 의심한다

나 자신은 쏙 빼고 남의 언행과 그들이 낸 결과에 대해 '부끄럽다'고 평가를 내리는 사람이 적지 않다.

예를 들어, "우리나라 여행객이 해외에서 세계유산에 낙서를 했다."는 보도가 나왔을 때 '나라의 수치'라고 생각하는 사람이 많을 것이다. 또, 자녀가 시험에 실패했거나 집안에 범죄자가 있을 경우 '가족의 수치', '집안의 수치'라는 표현도 잘 쓴다.

그러나 이 같은 때에 '수치'라는 말에 담긴 의미는 본래 '창피하다'고 하는 감정과는 다르다. 단순히 자신의 마음에 들지 않는 것을 비난하고 공격하는 재료로 '수치'라는 말이 사용된 것뿐이다.

가족이나 친구를 포함해 남의 말과 행동에 대해 부끄럽다고 느낄 때는 '나는 정말로 부끄럽다고 느끼고 있는 것인지', '왜 나 아닌 다른 사람의 일로 부끄럽다고 느낄 필요가 있는 것인지'를 생각해 보자. 분명 그 감정에 논리적인 정당성이 전혀 없다는 사실을 깨닫게 될 것이다.

경멸

상대방의 인격이나 능력 등을 낮추어보고 업신여기는 것. 혹은 상대방의 행동이 사회적인 규칙에 어긋난다고 판단하고 업신여기는 것.

사람은 여러 가지 이유로 타인을 경멸한다

사람이 남을 경멸하는 이유는 여러 가지다. '태생이 나빠서', '사회적 지위가 낮아서'와 같이 상대방의 속성을 낮추어 평가하고 경멸하는 경우가 있다면 "저 사람은 제멋대로야.", "저 사람은 성적이 나빠."와 같이 상대방의 인격이나 능력에 문제가 있다고 판단해 경멸하는 경우도 있다. '횡령을 했다.', '불륜을 저질렀다.'와 같이 상대방이 법이나 윤리에 반하는 행위를 한 것에 대해 경멸하는 마음을 갖는 경우도 있을 것이다.

어느 이유에서나 경멸은 '나와 상대를 비교'하거나, '상대의 가치나 언동을 사회의 기준과 규칙에 맞춰 본다.'는 복잡한 맥락에서 생기는 지극히 사회적인 감정이다.

일부러 타인을 경멸할 필요는 없다

'경멸'은 인간에게 있어서 정말로 필요 없는 감정이다. 타인의 사회적 지위가 낮다고, 인격이나 능력에 문제가 있다고 해서 자신과는 아무런 관계도 없는데 일부러 무시할 필요는 없다.

만일 상대방의 인격이나 능력 문제 때문에 내가 어떤 영향이나 피해를 입었다면, 그래서 생기는 감정은 '분노'일 것이다.

또, 만약에 상대가 사회적 규칙에 어긋나는 행동을 한다면 '저 사람의 행동은 규칙 위반'이라고 생각하면서 '규칙 위반이니 그만두는 편이 좋겠다.'고 지적만 하면 되는 것이다. 굳이 일부러 무시할 필요는 없다.

자기평가가 낮은 사람이 타인을 경멸하고 싶어 하는 이유

타인을 경멸하는 사람은 자신의 능력에 대한 자기평가가 낮다는 특징이 있다. 마음 어딘가에 "나는 부족해.", "나는 무능한 인간이야."라고 생각한다.

진정한 의미에서 자기평가를 높이기 위해서는 '올바른 목표를 정하는 것'이 필요하다. 마음으로부터 '이루고 싶다.', '이렇게 되고 싶다.'고 생각하는 것을 목표로 설정하고 '목표를 달성해서 기뻐하는 자신'을 생생한 이미지로 상상해 보는 것이다. 그러면 뇌는 그 이미지를 미래의 자신의 모습이라고 인식해 행동도 바뀌게 된다.

그런데 자기평가가 낮은 사람은 애초부터 올바른 목표 설정을 할 수가 없다. "하고 싶은 걸 하기에는 난 부족해서 무리야.", "뭐든 안 되는 내가 되고 싶은 사람이 되는 건 절대 불가능해."라는 식으로 브레이크를 걸어 버린다.

'부족한 나', '안 되는 나'가 컴포트 존으로 되어 버려 그것에서 벗어날 수 없다. 그래도 마음속에서 타인을 얕보는 것으로 조금이나마 자신이 우월하다고 생각하고 싶어 한다. 이것이 자기평가가 낮은 사람이 타인을 경멸하고 싶어 하는 이유다.

'경멸'이라는 감정은 자기평가에 깊이 관여하고 있다

'경멸'로 얻어지는 기쁨은 환상

사람은 누구나 '자신의 가치가 높다.'고 느끼면 기쁜 마음이 들게 되고, '자신의 가치가 낮다.'고 느끼면 슬픈 마음이 든다.

자기평가가 낮은 사람이 타인을 경멸하려는 것은 마음속에서 타인의 가치를 낮춤으로써 자신의 낮은 컴포트 존을 바꾸지 않고 상대적으로 '내 가치가 높다.'고 느껴 기쁜 마음이 들기 때문이다. 또 '타인의 가치가 오르고 내 가치가 내려갔다.'는 슬픈 마음이 드는 것을 피하고 싶기 때문인 것이다.

그러나 타인을 경멸하는 것에서 얻어지는 '기쁨'이라는 감정은 환상에 지나지 않는다. 긴 안목으로 본다면 '경멸'이라는 감정은 본인에게 도움은커녕 오히려 마이너스가 될 뿐이다.

자기평가가 낮은 사람끼리 모인다

누군가를 경멸하거나 험담을 하는 것은 상대를 자신의 낮은 컴포트 존으로 끌어들이려는 행위다. 그것으로써 '쉽게' 자신의 가치가 높아졌다는 기분(착각이지만)을 갖게 되면 사람은 좀처럼 자신의 컴포트 존을 올릴 마음을 갖지 않는다. 그 결과, 자기 자신은 계속 낮은 자기평가, 낮은 컴포트 존을 유지한 채 그대로 살아가게 된다.

반대로 자기평가가 높은 사람은 무조건 타인을 칭찬한다. 그들에게 있어서는 타인의 가치가 높아지든 낮아지든 전혀 상관없이 오히려 '상대의 자기평가를 높여 주는 것' 자체가 컴포트 존으로 되어 있기 때문이다.

또 '유유상종(類類相從)'이라고, 사람은 대개 같은 수준의 자기평가를 하는 사람들끼리 모인다는 것이다. 자신의 능력에 대한 자기평가가 높은 사람은 높은 사람끼리 모여 상대를 서로 칭찬하고, 낮은 사람은 낮은 사람끼리 모여 서로 험담을 늘어놓는다. 따라서 자기평가가 높은 사람의 컴포트 존은 점점 높아지게 되고, 자기평가가 낮은 사람의 컴포트 존은 점점 낮아지게 된다.

'경멸'이라는 감정을 컨트롤하는 방법

1 왜 경멸하는 마음이 솟는지 생각한다

'나도 모르게 타인을 경멸해 버린다.'는 사람은 타인에 대한 경멸의 마음이 솟구칠 때 '왜 나는 상대를 경멸하려고 하는지'를 생각하자. 분명 자신의 내면에 상대의 가치를 깎아내리려는 마음이 있음을 알게 될 것이다.

2 상대방 행동의 이면을 상상한다

만일 상대가 사회의 규칙에 어긋난 행동을 한다면 '그 사람이 왜 그런 행동을 하는지'를 생각해 보자. 상상력과 논리적인 사고를 동원해 상대의 사정 또는 그런 행동에 따라 상대에게 일어날 불이익 등을 생각해 보면, 대개의 경우 경멸은 동정으로 바뀐다.

또 그런 상대에게 조언할 경우, "당신답지 않아."라고 말한다면 자신의 자기평가도, 상대의 자기평가도 낮아지는 일은 없다.

3 경멸하는 마음은 '나답지 않은 것'이라고 생각한다

그럼에도 내 마음속에서 자꾸 타인에 대해 경멸하는 마음이 느껴진다면 자신을 자책하지 말고 '나답지 않다.'고 생각하자. 그렇게 생각함으로써 조금씩 '타인을 경멸하는 자신'에 대해 불편함을 느끼게(컴포트존이 아니라는 느낌) 될 것이다.

경멸을 길들이자.

질투

자신이 사랑하는 사람이 다른 사람에게 애정을 쏟는 것을 원망하고 미워하는 것. 또 자신보다 월등한 사람, 혜택받는 사람을 샘내고 부러워하는 것. '질투'라는 감정은 분노나 불안, 미움, 무기력, 열등감 등 다양한 감정이 복잡하게 얽혀 있는 것이라고 말할 수 있다.

‖‖‖‖‖‖‖ 질투에는 두 종류가 있다

우리가 '질투'라고 부르고 있는 감정은 크게 두 가지로 나눌 수 있다. 우선 한 가지는, 가령 애인이 다른 사람과 친하게 지내는 것을 보거나 애인을 다른 사람에게 빼앗겼을 때 생기는 질투다. 이것들은 '인간이 동물이기 때문에 생기는 질투'라고 할 수 있다.

질투를 포함해 연애와 관련된 감정은 상당히 동물적이다. 실제로 연애를 담당하는 뇌의 부분은 동물적인 본능을 맡고 있는 '복측피개야'와 '미상핵(尾狀核)'이라고 알려져 있다. 사랑을 하면 판단력이 둔해지고 비논리적인 행동을 하기 쉬운 이유는 이러한 부분들이 활성화하여 전두전야의 활동을 능가하기 때문이다.

그리고 또 하나는, '상사가 자신보다 동료를 높이 평가한다'고 느낄 때나 타인과 자신을 비교해 '상대가 자신보다 우수하다'고 느낄 때 생기는 질투다. 이것들은 '인간이 사회적인 존재이기에 생기는 질투'라고 할 수 있다. 타인과 자신을 비교해서 평가를 내리는 것은 매우 사회적인 행위이기 때문이다.

‖‖‖‖‖‖‖ 동물로서 '어쩔 수 없는 질투'와 '필요 없는 질투'

우선 연애감정과 관련된 질투인데, 인간에게 동물적인 감정이 있다는 건 결코 나쁜 것이 아니다. 만일 연애감정이 존재하지 않아 '종족의 보존'이라는 목적만을 위해 'IQ가 높은 아이가 태어날 조합'

이나 '튼튼한 아이가 태어날 조합'이 기계적으로 선택되어 커플링이 된다면 인생은 매우 무미건조할 것이다.

그러므로 자신이 사랑하는 사람이 다른 사람과 친하게 지내는 모습을 보거나 다른 사람에게 애정을 쏟고 있다고 느낄 때 질투의 감정이 치밀어 오르는 것은 어쩔 수 없는 일이다. 만일 마음속에서 연애감정이나 질투의 감정이 생길 수 있다고 느낀다면 "나도 동물이니까." 하고 생각하자.

다만, 인간은 사회 속에서 살아가고 있다. 동물적인 감정이 생길 수 있는 자체를 억누르는 것은 어려워도 감정이 폭주하는 것을 멈춰 감정의 격렬함 정도를 사회가 허용하는 범위 내에서 원만하게 할 필요가 있다. 연애에 휘둘린 나머지 일에 지장을 준다거나 질투심의 도가 지나쳐 스토커가 되는 것은 바람직하지 않기 때문이다.

다음으로, '상사가 자신보다 동료를 높이 평가한다.'고 느끼거나 타인과 자신을 비교해 '상대가 나보다 우수하다.', '상대가 나보다 혜택을 받는다.'고 느꼈을 때 생기는 질투에 대해서는 어떨까? 사실 이런 질투는 애초부터 가질 필요도 없고, 아무 쓸모도 없다. 어차피 '타인과 자신을 비교하는' 행위 자체가 무의미하기 때문이다.

질투를 컨트롤하는 방법

1 '지관'으로 질투의 폭주를 막을 수 있다

감정을 조절하는 데 효과적인 것은 '지관(止観, 불교의 수행방법 중 하나로 번뇌를 멈추고 진리의 실상을 관찰함.)'이다. 이것은 『마하지관(摩訶止観)』이라는 불교서에 쓰여 있는 "번뇌를 끊고 본다."는 방법이다. 참고로 '번뇌'란, 연애감정이나 질투의 감정을 포함한 모든 동물적인 감정을 가리킨다.

만일 애인이 다른 사람을 사랑한다고 느끼거나 애인을 다른 사람에게 빼앗겨 질투의 감정이 생겨났다면 '나는 지금 질투를 느끼고 있다.'는 사실을 우선 제대로 인식하도록 하자. 감정을 객관적으로 들여다보게 되면 어느 정도는 냉정함을 되찾을 것이다.

그런 후에 자신이나 애인, 애인이 좋아하게 된 상대에 대해 확실히 관찰하고 궁리한다. '내 애인이 정말로 그 상대에게 돌아간 것인지', '애인이 다른 사람에게 끌리게 된 원인이 무엇인지', '내 말이나 행동에 문제는 없는지', '애인은 그 사람의 어디에 끌리고 있는지' 등등 꼼꼼히 생각해 본다. 그렇게 함으로써 전두전야의 기능이 활성화되어 감정의 폭주는 수그러들 것이다.

2 자기 자신을 평가하면 쓸데없는 질투를 하지 않는다

타인과 비교해서 생기는 '사회적인 질투'는 원래 무의미하다. 세상에는 수많은 사람이 있고 가치관도, 능력도, 가지고 있는 것도 각각 다르다.

예컨대 A씨가 '내가 훨씬 실무능력이 우수한데 상사는 B씨만 편애하고 높이 평가한다.'고 느끼는 경우, 어쩌면 상사는 B씨의 원활한 소통능력에 높은 점수를 주고 있는지도 모른다. 또 반대로 B씨는 자신보다 실무능력이 뛰어난 A씨에게 질투를 느낄지도 모르며, 또 실무능력이 월등히 뛰어난 C씨가 입사했다면 A씨는 이번에는 C씨에게 질투하게 될지도 모른다.

비교하는 포인트나 판단 기준이 바뀌면 평가도 바뀐다. 어느 쪽이 우수한지, 어느 쪽이 혜택받고 있는지 등 사실은 아무도 모르며, 타인과 자신을 비교하거나 질투하기 시작한다면 끝이 없는 것이다.

이러한 질투를 없애는 가장 효과적인 방법은 알맞은 목표를 설정하고 스스로를 높이 평가하는 것이다. 자신이 정말로 하고자 하는 것, 달성하고자 하는 것을 목표로 설정하고 '나는 내가 설정한 목표를 틀림없이 달성할 수 있는 능력이 뛰어난 사람'이라고 생각하면 된다.

많은 사람들은 집이나 학교에서 받은 교육, 세상에서 얻은 상식, 미디어에서 들은 정보를 그대로 받아들여 '좋은 학교에 진학해 좋은 회사에 취직하고 싶다.', '좋은 집에서 살고 싶다.', '좋은 차를 갖고 싶다.' 등을 생각하고 그것을 자신의 희망사항으로 착각하고 있다. '내가 어떻게 하고 싶은지'는 없고 타인이 결정한 가치관에 의해 생긴 '모두와 같은 목표'밖에 보지 못하기 때문에 타인에게 어떻게 평가받고 있는지, 타인이 어느 정도의 목표를 달성하고 있는지에 신경을 쓰는 것이다.

그러나 자신의 머리로 고민해서 설정한 '올바른 목표'는 사람마다 전혀 다른 것이다. 그리고 목표가 다른 사람들끼리 서로 비교할 수는 없는 것이다. '세계를 누비며 어려운 사람들을 돕는 일'이 목표로 설정된 사람과 '30억 원 벌어 훌륭한 저택에 사는 것'을 목표로 설정한 사람이 자신과 상대를 비교하거나 상대에게 질투하는 경우는 절대로 없다고 말할 수 있다. 자신이 진정으로 달성하고 싶은 올바른 목표의 설정, 우선은 그것이 긴요한 것이다.

열등감

자신이 다른 사람보다 부족하다고 생각하는 마음.
대부분 타인과의 비교나 경쟁에서 생기며, 우울감
이나 질투심을 가져오는 경우가 많다.

▌▌▌▌▌▌▌▌ '열등감'은 사회에 의해 삽입된 감정

다른 동물과 마찬가지로 인간의 감정 대부분도 태생적으로 뇌에 프로그램화되어 있다. '불안'과 '후회' 등 인간 특유의 감정의 경우는 전두전야에서 복잡한 정보 처리가 행해지지만 그 역시 태어날 때부터 가지고 있는 감정이 바탕이 된 것이다.

그러나 열등감에는 그 같은 생물학적 근거는 없다. 사실 열등감은 인간이 성장하는 과정에서 사회에 의해 삽입된 지극히 특수한 감정인 것이다.

열등감이 '사회에 의해 삽입된 감정'이라는 것은 사람이 어떤 때에 열등감을 느끼는지를 생각해 보면 알 것이다.

예를 들어, 시험 성적이 반에서 꼴지를 했다면 대부분의 사람은 열등감을 가질 것이다. 또는 '반에서 나 하나만 물구나무서기를 못한다.', '주변의 친구들보다 수입이 적다.', '뚱뚱하다.'라는 것으로 열등감을 갖는 사람도 있을지 모른다. 그러나 만일 '성적이 좋은 쪽이 훌륭하다.', '물구나무서기는 누구나 할 수 있는 것이다.', '수입이 많은 쪽이 혜택을 받는다.', '마른 쪽이 예쁘다.'라는 가치관이 사회에 없었더라면, 혹은 자신이 그런 가치관을 받아들이지 않았더라면 사람은 단순히 '내가 반에서 꼴지'거나 '물구나무서기를 못 한다'고 생각할 뿐 열등감은 갖지 않을 것이다.

결국 열등감은 '이쪽이 훌륭하다(혜택받고 있다.).', '이 정도는 가능해야(가지고 있어야) 당연하다.'고 하는 사회가 정한 어떤 가치 기준을 사람이 받아들여서 처음 생겨난 것이다.

'열등감'은 사람들을 컨트롤하기 위한 장치다

인간이 사회를 형성하면 거기에는 반드시 피라미드가 만들어지고 그 정점에 권력이 생긴다. 그리고 다양한 가치 기준이 정해지면서 사람들에게 열등감을 심어 주는 것은 피라미드의 정점에 있는 권력자들이다.

그들이 정한 가치 기준은 가정과 사회에서의 교육, 미디어 등으로부터 세상에 스며들기 시작한다. 사람은 부모나 선생님으로부터 '성적이 나쁜 것은 창피한 일'이라는 말을 듣고, 미디어에서 '마른 사람이 예쁘다.'는 메시지를 받아들이면서 어떤 일정한 가치 기준에 점점 '세뇌'당하고 있는 것이다.

권력자들은 열등감을 이용해서 사회를 효율적으로 운영하고 있다. 열등감이 싫은 사람은 그 가치 기준에서 조금이라도 벗어나려고 열심히 공부하거나, 일하거나, 소비하거나 하게 된다.

또한 어떤 가치 기준에 따라 사람의 우열을 가리는 것으로 사람들이 단결해서 권력에 대항하려는 것을 방지하는 것도 가능하다.

이처럼 열등감은 사람들의 행동을 컨트롤하는 데 대단히 편한 장치인 것이다.

'열등감'은 인류의 미래를 망치는 감정

당연한 말이지만 '열등감'은 인류에게 있어서 필요 없는 감정 중 하나다. 그뿐 아니라 인류의 미래를 망치는 감정이라고 할 수 있다.

열등감을 가지면 사람은 '나는 안 되는 인간'이라고 자신을 점점 낮게 평가하게 된다. 그리고 '안 되는 나'가 그 사람에게 있어서 컴포트 존이 되어 무의식중에 그에 걸맞는 행동을 해 버리게 된다.

게다가 우리들은 부모나 자신의 수입부터 학력, 업무 능력, 용모, 애인이나 파트너의 유무, 친구의 수에 이르기까지 매일 모든 점에서 평가받으며 순위를 매기고 있다. 그 와중에서 뭐 하나라도 열등감을 갖지 않고 살아가는 사람은 적지 않을 것이다.

자기평가가 낮은 사람뿐인 사회에 장래는 없다.

열등감을 떨쳐 버리는 방법

1 열등감도, 가치 기준도 단지 환상일 뿐이다

열등감을 극복하려면 우선 열등감과 그 근본이 되는 가치 기준이 환상에 지나지 않다는 사실을 확실히 인식해야 한다.

현재, 사람들이 받아들이는 가치 기준은 결코 '당연한 것'이 아니다. 시대나 장소가 바뀌면 가치 기준도 바뀐다.

예를 들어, '뚱뚱한 사람이 예쁘다.'는 나라에 가면 뚱뚱한 사람은 우월감을 느끼고, 마른 사람은 열등감을 느끼게 된다. 그처럼 변하기 쉽고 근거 없는 것에 휘둘리는 것이 얼마나 무의미한지를 깨달으면 자신을 옥죄던 가치 기준을 거부하고 열등감을 없애는 것이 가능하게 된다.

또 대부분의 경우, 처음으로 열등감을 심어 주는 사람은 부모나 선생님이다. 굳이 따져 말하자면, 그들은 '열등감을 갖는 것은 무의미하다.' 고 가르쳐야 하는 것인데, 반대로 '사회에는 서열과 수준이 있다.', '서열이 내려가거나 수준에 이르지 못하는 경우에는 열등감을 가져야 한다.'고 가르치고 있는 것이다.

부모나 선생님의 말씀이 전부 옳다고 믿어서는 안 된다. 오히려 그들 대부분은 중요한 사실을 알아차리지 못하고 있다.

2 현상 밖에 목표를 설정해 열등감을 없앤다

열등감을 없애는 데 하나 더 중요한 것은 '현상 밖에 올바른 목표를 설정하는 것'이다.

'현상 밖'이라고 쓴 것은 예를 들면, '현재 지금의 직장에서 승진한다.', '가급적 일류대학에 들어간다.'는 경우처럼 '현상 내'에 목표를 설정한다면 자신을 속박하고 있는 가치 기준에서 좀처럼 빠져나올 수 없기 때문이다. '창업해서 취미를 살릴 것 같은 일을 한다.', '정말로 하고 싶은 공부를 위해 외국 대학에 진학한다.'처럼 가능하면 현상으로부터 먼 목표를 설정하고, 나아가 '나는 그것을 달성할 수 있는 능력이 있다.'고 스스로를 평가해 준다.

혹여 생각처럼 목표를 달성하지 못했다고 해도 좌절감이나 열등감을 가질 필요는 없다. 목표가 올바르지 않았다고 깨닫고 목표 자체를 다시 바꾸면 되는 것이다.

원망

나에 대한 타인의 심한 태도나 처사를 못마땅하게 생각하고 '기회가 되면 복수하고 싶다.'는 강한 마음을 품는 것. 원망의 감정이 심해지면 IQ가 떨어지고 냉정한 판단이 불가능하게 된다.

|||||||| '원망'과 '분노'는 비슷하다

원망과 분노 모두 '타인으로부터 일방적으로 불합리한 해를 입었다.'고 느끼는 것 때문에 생긴다. 단, 분노는 그 자리에서 즉시 생기고, 원망은 조금 시간이 흐른 뒤에 생긴다.

예를 들어, '성실하게 일했는데 갑자기 퇴사를 당했다.', '믿었던 친구에게 배신을 당했다.', '나는 안전 운전을 했지만 사고에 휘말렸다.'는 상황에 닥치면 사람은 먼저 '분노'를 느낀다. 그리고 '좀처럼 새로운 일이 생기지 않는다.', '배신당해서 정신적으로 큰 충격을 받고 재기하기 힘들다.', '사고로 상해를 입어 당분간 움직일 수 없다.'는 등 자신에게 본의 아니게 이런 상황이 계속된다면 분노는 '원망'으로 변해 가는 것이다.

|||||||| '나는 잘못이 없다.'는 생각이 원망을 일으킨다

원망을 하지 않기 위한 가장 좋은 방법은 '사람을 원망하지 않는 인간이 되는 것'이다.

'원망'이라는 감정의 전제는 '나는 잘못된 행동을 하지 않았다.', '나는 피해자다.'라고 생각한다. 그런데 그 생각이 정말 옳은 것일까?

앞서 예로 언급한, 회사에서 쫓겨난 사람은 자기는 열심히 일했다고 생각할지 모르겠지만 상사나 동료의 입장에서는 '시키는 일만

한다.', '소통 능력이 부족했다.'고 생각했을지도 모른다.

또, 친구에게 배신당했다고 해도, 사실은 그 전에 나 자신도 모르게 친구에게 상처를 준 일이 있었을지도 모른다.

'불합리한 처우를 당했다.'고 느끼고 원망을 하게 된다면 우선은 이처럼 자기 자신을 객관적으로 바라보고 상대의 사정을 생각해 보자. 그 결과 '나에게도 문제가 있었다.'고 느끼게 되면 원망의 감정은 생기지 않을 것이며, 전두전야를 작용시키는 것으로 감정 증폭을 억제할 수도 있다.

'원망'에 지배당하면 잘못된 판단을 하기 쉽다

'원망'도 기본적으로는 인간에게 있어서 필요 없는 감정이다.

세상에는 '원망을 계기로 노력한다.'고 하는 사람도 있지만, 한 번 원망하는 감정을 갖게 되면 그 감정은 대개 편도체에서 증폭된다. 즉, 대뇌변연계가 활성화하고 전두전야의 기능이 억제되어 IQ가 떨어져 버리는 것이다. 그 때문에 원망의 감정에 지배당한 행동은 대부분의 경우 올바른 결과를 가져오지 못한다.

'원망'이라는 감정을 컨트롤하는 방법

1 철저한 위기 관리로 '원망'의 발생을 막는다

'원망'의 감정을 갖지 않기 위해서는 '처음부터 위기 관리를 철저히' 하는 것이 중요하다.

'타인에게서 불합리한 해를 입었다.'고 느꼈을 때, 그것이 예상 밖에 일어난 것이라면 사람은 분노를 느끼고, 머지않아 곧 원망을 하게 된다.

그러므로 행동할 때는 항상 여러 가지 위험성을 상정하고 가능한 한 준비해 둔다. 예를 들어, '같은 회사에서 계속 일할 수 있는 보장은 없

다.', '어떤 일이 있어도 절대로 배신하지 않는 사람은 없다.'는 생각을 평소에도 하고 있다면 회사에서 쫓겨나거나 친구에게 배신을 당해도

충격은 작을 것이다. 교통량이 많은 도로에서는 가능하면 운전을 하지 않겠다는 마음을 먹으면 사고에 휘말릴 가능성도 줄어들 것이다.

2 '복수'를 궁리하는 것으로 원망을 누를 수 있다

살다 보면 자신에게는 전혀 문제가 없고, 어느 정도 위기 관리를 철저히 했는데도 불합리한 일을 당할 수도 있다.

그러나 그런 때야말로 분노나 원망의 감정을 효과적으로 조종해 IQ를 유지하려고 노력하자. IQ가 떨어져 냉정한 판단력을 잃게 되면 피해는 점차 커지기 때문이다.

장래에 원한으로 이어질 것 같은 일이 일어났다거나 내가 누군가를 원망하고 있다고 느낄 때는 우선 '나에게 불합리한 일이 일어났다.', '나는 지금 화가 났다(또는 원망하고 있다.).'고 객관적으로 자신을 들여다본다. "아, 싫은 일을 당했네."라고 소리를 내어 중얼거리는 것도 좋겠다.

그런 다음 분노를 느꼈을 때와 마찬가지로 복수할 방법을 생각한다. 불합리한 피해를 당했을 때는 상대가 더 불합리한 꼴을 당할 수 있는 방법을 목숨 걸고 열심히 생각한다.

물론 '분노'처럼 실제로 실행할 필요는 없다. 치밀하게 궁리하는 것만으로도 충분하다. 실제로 실행한다면 자신에게 불리한 일이 더 많이 일어날 수도 있을 것이다. 방법을 궁리하는 것만으로 전두전야를 활성화해 편도체에서 원망의 감정이 증폭되는 것을 억제시킬 수 있다.

체 념

바라던 일을 실현할 수 없다고 생각하고 희망을 버리려는 마음. '깨끗이 단념하다.'는 말처럼 긍정적 의미로 쓰이기도 하고, '포기하면 거기서 끝이다.' 처럼 부정적 의미로 쓰이기도 하는, 평가가 명확하지 않은 감정이다.

체념하는 것은 뭔가를 놓는 것

'체념한다'는 것은 뭔가를 놓는 것이다. '체념'이라는 감정에 대해서 생각할 때 중요한 것은 '무엇을 놓을까'이다. 세상에는 체념하는 쪽이 좋은 것도, 그렇지 않은 것도 있기 때문이다.

'번뇌'는 체념하는 편이 좋다

체념하는 쪽이 좋은 것으로서 선택할 수 있는 것은 '번뇌'다. 여기서 말하는 '번뇌'는 식욕이나 성욕, 권력욕, 금전욕, 소유욕 등 구체적이고 다양한 욕구들이다.

불교에서는 번뇌를 떨쳐 버리는 것을 '깨달음'이라고 한다. 즉, '체념하는 것'은 '깨닫는 것'으로, 결코 나쁜 것만은 아니다. '번뇌를 떨쳐 버린다.', '번뇌를 체념한다.'는 것은 번뇌를 모두 없애는 것이 아니라 '번뇌를 적당히 억제할 수 있다.'는 의미다.

올바른 목표가 있으면 체념의 감정은 생기지 않는다

반대로, 체념하지 않는 쪽이 좋은 것으로는 '내가 설정한 목표를 달성하고 싶다.'는 추상도가 높은 욕구다. 즉, '꿈'은 포기할 수 없다. 오히려 목표가 올바르면 체념하는 감정이 생기지 않는다. '어떤 어려움이 있어도 진정으로 실현하고 싶다.'고 생각한 것을 사람은 체념하거나 하지 않는다.

'체념'이라는 감정 다루기

체념의 감정이 일어났을 때야말로 기회

'체념'이라는 감정을 열심히 없애거나 극복할 필요는 없다.

'체념한다'는 감정이 일어나는 것은 그것이 번뇌와 강요된 목표 등 자신에게 있어서 불필요한 것이기 때문이다. 만약 자신에게 필요한 것, 진정한 목표라면 비록 일시적으로 '체념한다'고 생각해도 언젠가는 다시 시도할 생각이 반드시 생길 것이다.

곧, 뭔가를 '체념한다'고 생각한 때는 필요 없는 것을 버리고 중요한 것을 확인하는 기회인 것이다.

그 꿈은 진짜 자신의 꿈인지 의심해 본다

예를 들면, '어느 대학에 진학하고 싶다.', '어느 회사에 입사하고 싶다.' 등 자신이 '목표', '꿈'이라고 생각한 것이 실은 부모님이나 선생님, 사회 등 타인으로부터 강요된 것이라는 경우도 자주 있다. 그것은 자신이 생각해서 설정한 목표가 아니므로 체념하고 싶어지는 것은 당연하다.

만약 목표에 대해 '체념한다'는 마음이 생길 때는 그 목표가 진정 바른 것인지, 자신이 희망하고 있는 꿈인지 한번 확실하게 생각해 보는 것이 좋을 것이다.

무기력

기력이나 기운이 없는 상태. 나서서 무언가를 하려는 마음이 생기지 않는 것. 혼동하기 쉽지만 '무기력한 상태'와 '의욕이 없는 상태'는 확실히 다른 것으로, 대처 방법도 크게 다르다.

사실은 전혀 다른 '무기력'과 '의욕 없음'

'무기력'은 영어로 하면 'No Energy'이다. 다시 말해, 본래 몸이 피곤해져 있거나 약해져 있어서 에너지가 없는 상태를 가리킨다.

이에 대해서 체력은 있는데 매사에 임하는 의욕이 솟아나지 않는 것이 '의욕 없는' 상태다.

피로에 의한 '무기력'과 잘못된 목표 설정에 의한 '의욕 없음'

요즘 직장인 중에는 무기력한 사람이 적지 않다. 일을 할 의욕은 있는데, 체력이 따라 주지 못하는 것이다. 그 원인은 수면 부족과 영양 부족이다. 심신에 좋은 것을 먹고 충분한 수면을 취하는 것이 무기력을 극복하는 가장 좋은 방법이라고 할 수 있다.

또, 무언가 하고 싶어 하는 것, 달성하고 싶은 목표가 있어서 그 것을 향해 전력 질주한 결과 기력이 다 떨어지는 경우도 있다. 이때 는 편안하게 쉬는 것 외에 기력을 회복할 방법은 없다.

한편, 몸은 움직이는데 '무기력해서 회사에 갈 수 없다.'고 하는 사람의 대다수는 '회사 일을 할 의욕이 없는' 사람이다. 그들은 회 사에 가지 않으려고 '몸 상태가 안 좋다.', '우울하다'는 등 여러 가지 핑계를 만들어 낸다. 다시 말해 '회사에 가지 않는다.'는 방향으로 많은 에너지를 쓰고 있는 것이다.

무언가를 '할 의욕이 없다.'는 것은 목표가 잘못되어 있는 상태다.

원래는 하고 싶지 않은 것을 무리하게 하고 있어서 의욕이 일지 않는 것이다. '의욕이 없는' 상태를 극복하려면 현재 목표라고 생각하고 있는 것을 재검토하고, 진짜 하고 싶은 것을 발견할 수밖에 없다.

목표 설정은 정기적으로 재점토를

일을 계속하는 동안 목표의 기준이 변하는 경우도 있다. 처음에는 정말로 하고 싶은 일 때문에 회사에 들어갔는데 언젠가부터 '먹고살기 위해 일하지 않으면'이라고 생각하게 되어 버리기도 하고, 회사에서 승진하는 것이 목표가 되어 버리기도 하고, 어쨌든 노르마(Norma, 책임량)를 완수하는 것밖에 생각할 수 없게 되어 버리기도 하고, …….

'먹고살기 위해 일한다.', '회사에서 승진한다.', '책임량을 완수한다.'고 하는 것도 타인에게 강요당한 목표에 지나지 않는다. 그런 목표를 향해 일을 하고 있다면 그것이야말로 사기가 없어지는 것이다.

만일 시간이 지나면서 목표 설정의 차이를 느낀다면 올바른 목표 설정을 세울 것을 추천한다.

공허감

허무하고 텅 빈 기분. 충만함을 얻을 수 없는 느낌. 사람은 목표를 잃었거나, 목표를 달성했거나, 목표를 포기했거나 했을 때 공허감을 갖는 경우가 많다.

은퇴한 운동선수가 선거에 출마하는 이유

공허감을 갖기 쉬운 사람으로, 올림픽 출전 후보였던 운동선수를 들 수 있다. 그들은 '올림픽에 출전한다.', '올림픽에서 금메달을 딴다.'는 하나의 목적에 쉽게 집중하기 때문에 출전권을 딸 수 없었을 때, 일찌감치 예선에서 탈락했을 때, 올림픽이 끝났을 때 등 그저 하나의 목표를 잃고 공허감에 사로잡히게 된다.

게다가 운동선수는 도파민이 나오는 생활에 익숙해져 있다. 운동을 하고 있는 동안에도 역시나 도파민이 분출되기 때문이다.

은퇴한 운동선수는 '도파민 생활'을 추구한 나머지 선거에 출마하기도 하고, 별로 탐탁지 않은데도 예능 프로그램에 출연하기도 하며, 도박이나 마약에 빠지는 경우가 적지 않다.

'보통 사람'은 공허감을 잘 느끼지 않는다

한편, 대다수의 사람들은 인생의 다방면에 목표를 설정한다. 예를 들면, 업무의 목표와 병행해 연애·결혼에 관한 목표를 설정하고, 또 가족이나 취미에 관련된 목표를 설정하기도 한다. 그렇기에 설사 하나의 목표를 잃는다 해도 그 정도 공허감에 사로잡히는 경우는 없다.

단, 가정을 돌보지 않고 기업전사로서 일에만 빠져 살아가는 사람 등은 정년퇴직과 동시에 공허감에 사로잡힌다. 퇴직한 사람이 얼빠진 것처럼 되거나 의심스러운 투자 권유에 넘어가기 쉬운 것은 평범한 일상생활에서 도파민이 분비하지 않게 되어 버려서 다른 곳에서 그 공백을 메우기 때문인 것이다.

'공허감'에 사로잡히지 않기 위해 해두고 싶은 것

'공허감'을 품으면 뇌내물질이 어떤 것도 분비하지 않는다

어떤 일을 달성하거나, 타인에게 칭찬을 받거나 주목받기도 하고, 무언가의 욕구가 충족되면 보수계(報酬系)의 신경전달물질인 도파민이나 엔돌핀이 분비되어 사람은 쾌락을 느낀다. 그리고 목표에 대해 궁리하는 동안이나 목표를 향해 행동하는 동안에도 도파민이 분비된다.

하지만 목표를 잃거나 공허감에 빠지게 되면 도파민이나 엔돌핀은 물론 아드레날린도, 노르아드레날린도 아무것도 분비되지 않는다.

'복수(複數)'의 목표를 설정한다

'공허감'이라는 것은 상당히 특수하고 위험한 감정이다. 공허한 사람의 뇌는 도파민을 원해 도파민을 내어 주는 일에 걸려들기 쉽기 때문이다.

공허하지 않으려면 항상 목표를 여러 개 설정해 둔다. 한 가지 목표에 목숨 걸지 말고 가능한 한 삶의 다양한 포인트에 목표를 설정해 하나를 달성하면 바로 다른 목표를 설정하도록 한다.

낙담

일이 기대한 대로 되지 않아 낙심하는 것. 실망하는 것. 좋지 않은 결과가 다른 사람 때문이 아니라 '잘 생각해 보면 내 생각과 분석이 틀렸다.'고 깨달아 그것을 받아들였을 때 사람은 낙담한다.

▌▌▌▌▌▌▌ 사람이 낙담하는 것은 목표를 달성하지 못했을 때다

사람이 낙담을 하는 것은 '기필코 합격하리라 생각했는데 시험에 떨어졌다.', '느낌이 좋아서 분명 고백을 받아 줄 것이라 믿었는데, 차였다.' 등 자신이 생각한 대로 일이 되지 않았을 때, 즉 목표를 달성하지 못했을 때이다. 그렇다면 왜 목표를 이루지 못한 것인가? 그 원인은 대체로 다음 두 가지로 나눌 수 있다.

먼저, 설정한 목표 자체가 틀린 경우다. 앞서 거론한 예로 말하자면, '반드시 그 시험에 합격할 것이라는 설정 자체가 틀렸다.(그 시험에 합격할 정도의 실력이 아니었다.)', '분명 고백을 받아 줄 것이라는 설정이 틀렸다.(애초부터 가망성이 없었다.)'는 경우가 이것에 해당한다.

그리고 나머지 한 가지, 설정은 옳았지만 분석이 틀린 경우다. 앞의 예로 말하자면, '시험에 합격할 만한 실력은 있었지만 대책이 부족했다.', '느낌은 좋았는데 타이밍이나 고백 방법을 착각했다.'는 경우가 이에 해당한다.

▌▌▌▌▌▌▌ '내 탓'이라고 생각하는 마음이 낙담을 낳는다

설정이 잘못되었든 분석이 잘못되었든 사람이 낙담하는 것은 그 사태(시험에 떨어지든가, 고백에 실패하든가)가 자기 자신 때문에 일어났을 때뿐이다.

만일 갑자기 천재지변 등으로 교통이 마비되어 지각을 하게 되고, 결국 중요한 시험에 떨어졌다면 실망은 해도 낙담은 하지 않을 것이다. 또, 경쟁자의 심한 방해 때문에 고백이 실패했다면 화는 나도 낙담은 하지 않을 것이다. 예측 불가능한 일이나 다른 사람 때문에 목표를 이루지 못했다고 사람은 낙담하지 않는다.

낙담하기 전에 생각해야 할 것

비록 자신 때문에 목표를 달성하지 못했더라도 낙담할 필요는 없다. 설정이나 분석이 틀렸다면 '나답지 못하다.'고 생각하고 올바른 목표를 설정해 다시 노력하면 되는 일이다.

또, 업무적으로 낙담할 만한 상황이 일어났을 때는 '설정과 분석이 잘못되었기 때문에 계약이 성사되지 않았다.', '성공할 줄 알았던 프레젠테이션이 채택되지 않았다.' 등 반드시 누군가 남에게 폐를 끼치고 있다.

그 같은 경우 만일 자신에게 냉정함이 있다면 먼저 '피해를 드러 죄송하다.'는 마음이 생길 것이다. 그런데 낙담하게만 된다면 전두전야의 활동이 원활하지 못해 IQ가 떨어져 냉정함을 잃은 것이라고 생각하는 편이 좋을 것이다.

또 불채용, 면목 없어.

비방 부스러기

외로움

있어야 할 것이나 있었으면 하는 것이 빠져 있어
마음이 허전하고 만족되지 않는 마음. 혹은 사람
이 그립고 서글픈 마음이 드는 기분. 외로움의 정
도에 따라서는 가슴이 미어진다, 눈물이 난다 등
신체적 반응이 일어나기도 한다.

외로움에는 여러 종류가 있다

'외로움'은 한마디로 정의 내리기 힘든 감정으로, 그 내용은 천차만별이다.

'소중한 사람을 잃어 외롭다.', '오래 살던 곳을 떠나서 외롭다.', '애인이나 가족이 없어서 외롭다.'는 사람이 있는가 하면 '인간은 궁극적으로는 누구와도 이해할 수 없는 고독한 존재다. 그런 고로 외롭다.', '빅뱅이 일어나기 전 아무것도 없던 우주를 상상하면 외롭다.'는 사람도 있다.

추상도가 낮은 것부터 높은 것까지, 사람은 여러 가지 것들에 대해 외로움을 느끼는 것이다.

동물의 본능에서 생기는 추상도가 낮은 외로움

추상도가 낮은 외로움은 동물의 본능에 의한 외로움이라고 해도 과언이 아니다.

동물에게는 본래 안전을 지키기 위해 무리 생활을 하는 습성이 있다. 진화의 결과, 인간은 혼자서도 행동할 수 있게 되었으나 뇌에서는 동료를 필요로 하는 구조가 아직 남아 있다. 집단으로 행동했던 시대의 흔적이 생물로서의 인간의 뇌에 남아 있는 것이다. 가령, 혼자 사는 사람이 외로움을 느끼는 것은 이 때문이다. 그러나 그러한 외로움은 사실 그다지 의미는 없다.

잘 생각해 보자. 산속 오지나 무인도 등 특수한 환경에서가 아닌한, 비록 가족 등의 동거인 없이 혼자 살고 있다 해도 단순히 벽으로구획되어 있을 뿐 같은 아파트나 근처에는 많은 사람들이 있다. 물리적으로는 몇 미터밖에 떨어지지 않은 곳이라는 것도 얼마든지 있을 것이다.

이러한 외로움을 느끼게 된다면 '벽 저편에 사람이 있다.'고 생각해 보자. 생물학적인 추상도가 낮은 외로움에는 상상력을 조금 가동시키는 것만으로도 충분히 대처할 수 있다.

호메오스타시스에 의한 외로움도 있다

　소중한 사람을 잃거나 살던 곳을 떠났을 때 느끼는 감정은 호메오스타시스(Homeostasis)의 작용에 의해 생기는 외로움이다.

　인간의 신체와 정신에는 나 자신에게 편안하고 좋은 상태, 익숙하고 친숙한 상태를 유지하려는 힘(호메오스타시스)이 강하게 작용하고 있다. 그리고 어떤 사정으로 '나는 이런 인간이다.', '나는 이런 세계에 살고 있다.'고 하는 뇌 내의 빌리프 시스템이 무너지게 되면 처음에 뇌는 당황해 그것을 어떻게든 원래대로 되돌리려고 갈등한다. 그때 외로움이 생길 수 있는 것이다.

외로움을 조종하는 방법

1 상상력과 사고력을 자유자재로 구사한다

　외로움을 빨리 극복하려면 상상력이나 사고력을 자유롭게 구사하자. 가깝게 지내던 소중한 사람이 눈앞에서 사라져 외롭다고 느낀다면

'다른 곳에서 행복하게 잘 살고 있는 그 사람의 모습'을 상상해 보면 좋고, 또 살던 곳에서 떠나 외로움을 느낀다면 '새로운 동네에서 즐겁게 살아가는 것'을 목표로 설정해 그것을 달성하기 위한 방법을 궁리해 본다.

어느 쪽이든 어느 정도 시간이 지나면 뇌가 '이제 빌리프 시스템은 원래 상태로는 돌아갈 수 없다.'고 인식하게 되어 현재의 상태를 인정하고 새로운 빌리프 시스템을 받아들이게 되면 외로움은 점차 줄어간다.

2 '외로움'은 사람의 마음이 만들어 낸 환상의 감정이라는 사실을 깨닫는다

인간의 근원적인 고독이나 우주의 생성 등을 생각할 때 생기는, 시공을 초월한 추상도 높은 외로움은 어떨까? 이것들은 상상하네, 생각하네 하면서 생겨났기 때문에 당연히 상상을 멈추면 외로움도 사라지게 된다. 무슨 일이든 적당한 것이 최고인 것이다.

외로움을 느끼는 것은 결코 나쁜 것이 아니다. 그러나 어디까지나 그 감정을 즐기는 것이 가능할 정도라면 된다.

'외로움'이라는 감정에 너무 사로잡혀서는 안 된다. 추상도가 낮건 높건 간에 외로움은 모두 자신의 상상력 결여나 과잉에서 생겨난 상상 속의 덧없는 감정이다. 이것을 아는 것만으로도 꽤 기분이 바뀔 것이다.

직장인과 감정

요즘 직장인들은 감정을 잃어가고 있다. 최근에 들어 갑자기 든 생각이다. 아주 가끔 지하철 안에서 격앙된 모습의 사람을 마주하기도 하지만 특수한 상황이 아닐까 싶다. 맨정신으로 진지하게 화를 내는 사람을 주위에서 자주 보기는 힘들지 않을까.

분노나 슬픔이라는 부정적 감정만이 아닌 진심으로 환호를 지르며 기뻐하는 사람도 이제는 마주하는 일이 어려운 시대가 되지 않았나 싶다. 대체 왜 이렇게 되었을까?

일본을 예를 들자면, 일본인은 대체로 감수성이 부족한 인종이라고 알려져 있다. 그것은 민족학적인 특징이라기보다 교육에 의한 것이다. 아마도 국민의 감수성이 낮고 둔감한 쪽이 나라를 통치하기 쉽다고 여겼기 때문일 것이다. 바꿔 말하면 안정된 정서를 가진 국민성이라고 말할 수 있겠다. 하지만 이대로는 죽은 사람의 나라나 다름없다. 감정이 없는 로봇처럼 기쁨도, 즐거움도 없는 삶이라면 적극적인 마음으로 목표를 향해 노력하는 것은 불가능할 것이다. 감정이 없는 일들은 그리 멀지 않은 미래에 인공지능으로 대신하면 되지 않을까?

인공지능을 화나게 하는 것은 어려울 것이다. 사랑하게 만드는 것은 더욱 어려울 것이다. 인공지능은 합리적, 논리적인 사고가 주특기이므로 비논리적으로 어리석은 행동을 하지 못하기 때문이다. 이 책에도 소개했듯이 '감정'이란 비논리적인 것이다. 하지만 인생을 다양하게 경험하고 깨닫게 해 주는 것은 슬픔이나 포기, 외로움이라는 감정들이다. 이런 감정을 잘 다스리면 목표 달성을 위한 든든한 무기가 될 수 있다.

또한 감정은 예측에서 벗어나서 발생하는 것이다. 예측에서 크게 벗어난 분노나 슬픔, 기쁨을 고도로 문명화되고 통솔이 잘 되어 있는 곳에서 일으키는 것은 어려울지도 모른다.

그렇기에 기쁜 일을 기쁘다고 느끼고, 슬픈 일을 슬프다고 느끼는 감성을 소중하게 여기길 바란다. 일상에서 주위에 일어나는 일에 더욱 관심을 가지고 자신의 내면에서 일어나는 작은 감정의 일렁임에 귀를 기울여 북받쳐 오르는 감정을 마음껏 즐겨 보길 바란다.

Chapter **02**

긍정적 감정

Positive Emotion

기쁨

좋은 일이 일어나 즐겁다고 생각하는 기분. 마음이 고양되고 기쁨 정도에 따라 웃음이 난다, 의욕과 행동력·운동력이 향상된다, 맥박이 빨라진다, 눈물이 난다 등 신체적 반응이 일어나기도 한다.

||||||||| '기쁨'은 어떤 욕구가 충족되었을 때 생긴다

가령 맛있는 음식을 먹었을 때, 만나고 싶은 사람을 만났을 때, 갖고 싶은 것을 갖게 되었을 때, 시합에서 이겼을 때 등에서 사람은 기쁨을 느낀다. 욕구가 충족되면 그 자극이 뇌에 전달되어 도파민과 엔돌핀이 방출된다. 그것에 의해 중추신경이 흥분되어 '기쁨'과 '즐거움'이라는 감정이 생기는 것이다.

또, '나는 지금 기뻐하고 있다.'고 느낄 쯤에는 이미 행복감과 만족감을 만드는 세로토닌이 분비되고 있다.

||||||||| '기쁨'은 사회적 행위의 결과로 생기는 것

다른 동물과 달리 인간이 욕구를 충족하려면 반드시 사회적 행동을 수반한다. 예를 들어, 식욕처럼 본능에 기인한 욕구를 채울 때에만 식재료를 사거나 외식하는 등 '돈을 낸다.'는 사회적 행동이 필요하게 된다. 결국 인간의 '기쁨'이라는 감정은 사회적 행위의 결과로 생기는 것이라고 할 수 있다.

또, 기쁨의 정도는 욕구 충족 방법이 크면 클수록, 그리고 의외성이 있으면 있을수록 증가한다. 예를 들어 배고픔을 참다가 겨우 음식을 먹었을 때 양이 많으면 많을수록, 맛있으면 맛있을수록 사람은 기쁨을 느끼게 될 것이다. 또는 배가 고픈 중에 집에 먹을 것이 없나 하고 생각한 순간에 사두었던 빵을 발견했을 경우는 원래 빵이 있었음을 알고 있을 때 이상으로 기쁨을 느낄 것이다.

생일날 깜짝 파티로 축하해 주는 것도 상대의 기쁨을 배가시켜 주려는 의도에서 나온 연출이다.

'기쁨'의 감정 자체에는 기본적으로 아무런 문제가 없다. 따라서 일부러 조절하려거나 극복하려고 할 필요는 없다. 단, 어떤 행위에 의해서 욕구를 충족하고 기쁨을 얻은 것인지는 주의할 필요가 있다.

기쁨을 컨트롤하는 방법

1 '뜻밖의(규범을 초월한) 기쁨'에는 주의가 필요하다

혹여 도를 넘은 기쁨을 느꼈다면 사회적인 규율에 어긋난 행위를 했을 가능성이 높다고 말할 수 있다.

예를 들어, 적은 노력으로 생각지도 못한 고액의 보수를 받은 경우다. 아마 큰 기쁨을 느끼겠지만 그 일은 법에 어긋나거나 위법이라고 할 만한 누군가의 커다란 희생으로 얻어진 것일지도 모른다.

또는, 불륜이나 바람을 피우는 것은 배우자나 파트너와의 안정된 관계에서는 얻을 수 없는 또 다른 큰 기쁨을 줄지도 모른다. 그러나 역시 사회적인 규율에 어긋난 것으로, 비난할 수도 있다.

또, 마약을 하면 먹고 즐기는 기본적인 욕구를 만족할 때와는 비교할 수 없을 정도로 대량의 도파민이 분비되어 도를 넘는 기쁨을 느끼게 된다. 하지만 마약을 하는 행위가 사회적 규율에 위반한 것임은 말할 필요도 없다. 이처럼 뜻밖의 기쁨에는 어떠한 책임이 따르기 마련이므로 반드시 주의가 필요하다.

2 '기쁨'을 잘 이용해 최종 목표를 달성한다

목표. 달성을 위한 행동 중 기쁨의 감정을 이용하는 것은 매우 유익하다.

'기쁨'의 감정을 효과적으로 사용하려면 하나의 목표를 달성하기 전에 다음의 더 높은 목표를 설정해 둘 필요가 있다. 하나의 목표를 달성한 것에 기쁨을 느끼고 만족하는 사람의 목표는 낮다고 말할 수 있다.

항상 작은 목표를 달성하고 기쁨을 느끼면서 당장은 이루지 못하는 큰 목표를 향해 계속 행동한다. 그것이 가장 이상적인 형태다. '기쁨'의 감정을 효과적으로 이용한다면 스스로 큰 성공을 목표로 삼을 수 있다.

즐거움

마음이 흡족해 들뜨고 유쾌해서 밝은 마음. '기쁨'과 마찬가지로 즐거움의 정도에 따라 웃음이 난다, 의욕과 행동력·운동력이 향상된다, 맥박이 빨라진다, 눈물이 난다 등 신체적 반응이 일어나기도 한다.

'즐거움'이라는 감정은 오래가지 않는다. 슬픔이나 불안은 며칠, 경우에 따라서는 몇 년씩 계속되기도 하지만 즐거움은 대개 하룻밤 자고 나면 사라져 버린다.

사실 즐거움은 슬픔이나 분노와 달리 본능에 의한 감정은 아니다. 자기 최면에 의해서 전두전야가 만들어 낸 상상의 감정으로, 사람이 진화하는 과정에서 획득된 것이다.

최면 상태는 보통은 잠들면 풀린다. 전날 얼마만큼의 즐거운 일도 자고 일어났을 때 그 즐거움이 완전히 사라져 버리는 것도 그 때문이다.

즐거움을 느낄 때 인간의 뇌는 도파민의 분비로 신경세포 뉴런(Neuron)이 활성화되어 변성의식상태(變性意識狀態)에 들어간다.

'변성의식상태'란, 이른바 트랜스(Trance, 최면 상태 같은 가수 상태) 상태로, 느낀 것·생각한 것 등에 대하여 물리적인 공간 이상의 현장감을 느끼는 것처럼 된다.

예를 들면, '애인과의 식사로 즐겁다고 느꼈을 때'다. 물리적으로 보면 '타인과 식사를 한다.'는 행위에 지나지 않지만 뇌는 그 행위에 대해 '지금 애인과 데이트를 하고 있다.'는 긍정적인 의미 부여를 하고 있다. '즐거움'이라는 감정은 사람이 변성의식상태에 들어가 뇌의 이 같은 의미 부여를 받아들였을 때 생긴다.

또, 즐거움을 느끼고 있을 때는 슬픔·괴로움·고통 등 부정적인 감정을 일으키는 뇌 부분이 억제되어 긍정적인 감정이 강화된다.

'무엇에 즐거움을 느끼는가'는 사람에 따라 다르다

슬픔과 분노, 불안과 공포 등 부정적인 감정의 대부분은 '자신이나 종족을 지킨다.'는 본능에 기인한다. 그러한 감정을 일으키는 요인('소중한 것을 잃었을 때 슬픔을 느낀다.', '공격당했을 때 분노를 느낀다.' 등)은 유전자에 삽입된 정보를 기본으로 하기 때문에 사람에 따라 그 정도는 크게 변하지 않는다.

그러나 즐거움은 자기 최면에 의해서 생기는 감정이어서 즐거움을 일으키는 요인은 그 사람 자신이나 주위의 가치관에 좌우된다.

그렇기 때문에 '무엇에 즐거움을 느끼는가'는 사람마다 다르며, '얼마 전까지만 해도 즐겁다고 느꼈던 것이 이제는 즐겁지 않다.'는 등 변화하기 쉬운 경향이 있다.

즐거운 시간이 순식간에 지나가는 이유

술을 마셨을 때 즐거운 기분이 드는 것은 알코올이 보다 많은 도파민을 분비시켜 변성의식상태에 드는 것을 돕기 때문이다. 따라서 아무리 그 장소가 즐겁고, 서먹했던 사람과도 친해진 것처럼 느끼더라도 다음 날 아침에는 대체로 즐거운 기분은 사라지고 상대와의 거리감도 다시 되돌아간다.

흔히 "즐거운 시간은 순식간에 지나간다."라고 말하는데, 그것도 변성의식상태에 있기 때문이다. 뇌가 냉정한 분석이나 판단이 불가능한 상태로 되어 있는 것이다.

'즐거움'이라는 감정 다루기

인간 이외의 동물에게는 '즐거움'이라는 감정은 없다

전두전야가 발달하지 않은 인간 이외의 동물에게는 기본적으로 '즐거움'이라는 감정은 없다. 동물이 서로 장난치며 놀거나 다람쥐가 회전차 안에서 계속 달리는 것이 남의 눈에는 즐겁게 보이지만 '뿌듯함'이나 '달리지 않으면 적에게 습격당한다.'고 하는 불안 등 본능에 따른 다른 감정이 작용할

가능성이 높다고 할 수 있다. 그렇기 때문에 같은 행동을 매일 반복해서 계속할 수 있는 것이다.

그리고 '즐거움'이라고 하는 환상의 감정에 따른 인간의 행동은 오랫동안 지속될 수가 없다. '재미있을 것 같아서 홈쇼핑에서 운동기구를 샀지만 곧 포기해 방치해 두었다.'는 말을 자주 듣는 것은 그 때문이다. 전두전야의 움직임에 따라 새로운 것을 갖는 나, 건강한 몸매를 얻는 나를 상상하는 동안은 즐거움을 느끼지만 '운동을 한다.'는 행위 자체는 즐겁지 않기 때문에 당장 식어 버리는 것이다.

'즐거움'은 인간에게 필요한 감정

'즐거움'이라는 감정은 '환상'이지만 그렇다고 필요가 없는 것은 아니다. 오히려 인간이 발전하는 데 필요했기 때문에 생긴 감정이라고 말해도 좋을 것이다.

어떤 행위에 즐거움을 느껴 도파민이 분비되면 사람은 그 행위에 몰두한다. 연구가 즐거운 사람은 연구에, 만드는 것을 좋아하는 사람은 만들기에, 놀이가 즐거운 사람은 놀이에 몰두하게 된다. 그 덕분에 과

학과 기술, 문화가 발전한 것이다.

또 물리적 관점에서 보면, 이 세상은 포식활동·생식활동을 반복해서 그때마다 욕구를 충족하고 늙어 죽어가는 장소일 뿐이다. 그러나 전두전야가 발달하면서 사고 능력을 갖게 된 인간으로서는 그런 세상은 너무 살벌하다. 그래서 세상에 다른 의미를 부여하고자 '즐거움'이라는 감정이 생겨난 것이다.

즐겁다고 생각하는 것이야말로 올바른 목표

즐거움을 느끼고 있을 때 사람은 변성의식상태에 있어서 자기 암시에 걸리기 쉽다. 그 때문에 '즐거움'이라는 감정은 종교나 다단계 사업 등에 이용당하기 쉬운 측면이 있다.

파티나 집회 등에서 즐거움을 느낄 때는 세뇌당할 위험도 높으므로 주의해야 한다.

그러나 한편, 자신이 정한 목표를 달성하는 때에도 '즐거움'이라는 감정은 매우 효과가 있다. 실제로 코칭의 세계에서는 "즐거운 일만 해야 한다.", "자신이 즐겁다고 생각하는 것이 바람직한 목표다."라고 되어 있다.

즐거운 일을 하면 도파민이 방출되어 그 행위에 몰두할 수 있다. 그래서 목표 달성도 쉽게 되는 것이다.

이처럼 '즐거움'으로 자신이 정한 목표가 바람직한지 점검할 수 있다.

행 복

바라던 일을 이뤄 마음이 흡족하고 행복감을 느끼는 것. 행복감의 강도가 세면 가슴이 뜨거워진다, 눈물이 난다 등 신체적 반응이 일어나기도 한다.

'행복'은 '즐거움'이 진화된 감정이라고 할 수 있다. 행복도 인간이 진화의 과정에서 만든 것으로, 본능에 기인한 감정이 아니다. 또, 뇌에 도파민이 방출되어 변성의식상태(이른바 트랜스 상태)에 있는 자기 최면에 걸려 생기는 것이다.

그러나 '행복'의 경우는 훨씬 깊은 최면에 걸려 깨어나기 어렵게 된다. 그 때문에 즐거움에 비해 '행복'은 오랫동안 지속되는 경향이 있다. 또, 인간이 행복을 느낄 때 뇌내의 전두전야 '안와내측부(眼窩內側部)'라고 하는 부위가 활성화하는 것으로 알려져 있다.

객관적으로는 불행한 상황인데, 본인은 행복한 것도 있다

행복을 느끼고 있는 동안 부정적인 감정은 억제되어 즐거운 상태, 기쁜 상태, 행복한 상태가 지속된다. 이것은 본인에게 있어서는 결코 나쁘지 않은 상태지만 제3자에게는 의문시되는 경우도 가끔 있다.

예를 들어, 폭력을 행사하고 외도를 반복하며, 일하지도 않으면서 돈을 뜯어내는 등 문제가 많은 애인과 헤어질 수 없는 사람. 주위에서는 '빨리 헤어지면 좋을 텐데'라고 생각하지만 정작 당사자는 '상대를 지킬 수 있는 사람은 자신뿐'이라며 행복감을 느끼기도 한다. 또, 사이비 종교나 다단계 판매의 단체에 빠져 고액의 돈을 뜯긴 사람 등도 그저 그 단체에 돈을 쓰는 것을 행복으로 여기고 있는 것이다.

객관적으로 보면 명백하게 '불행'한 상황인데, 본인이 행복을 느끼는 것은 자기 최면에 걸려 있어서 물리적인 현실보다도 뇌에 의한 의미 부여로 현장감을 느끼고 있기 때문이다.

세뇌에 의해 생기는 '행복'도 있다

행복을 느끼도록 최면을 거는 것은 자기 자신이지만 '무엇에 행복을 느끼는가'를 결정하는 것은 자기 주변의 타인에 의한 경우가 적지 않다. 그것이 '행복'의 무서운 점이다.

앞서 든 예로 말하면, 문제 많은 애인도 어쩌면 처음에는 다정다감했을 것이고, 사이비 종교나 다단계 업체도 그 사람에게 있어서 마음이 안정된 곳이었을지도 모른다. 그래서 한번 강렬한 도파민이 방출되면 사람은 행복감을 잃을까 두려워 자신에게 더욱 강한 최면을 걸게 된다. 애인의 문제 행동이나 단체로부터의 착취가 심해지더라도 '나는 심하게 불안한 상태에 처해 있다.', '나는 착취당하고 있다.'고 하는 물리적인 현실보다 애인이나 단체로부터 발생되는 '둘이서 함께 있는 것이 서로에게 행복한 것이다.', '단체에 돈을 쓰는 것이 행복으로 이어진다.'는 메시지 쪽으로 현장감을 느끼게 되어 버린다. 이것이 이른바 '세뇌'의 프로세스인 것이다.

사실은 더 무서운 사회의 세뇌

다단계 상업 등 실체가 있는 타인에 의한 세뇌는 그나마 나을 수도 있다. 악질적인 만큼, 어떤 계기로 냉정함을 찾게 된다면 세뇌로부터 해방될 가능성이 높기 때문이다. 오히려 무서운 것은 사회로부터의 세뇌다.

예전에는 '3종 신기(세 가지 보물, 즉 TV·세탁기·냉장고)가 있으면 행복하다.', '좋은 학교를 나와 좋은 회사에 들어가면 행복하다.'고 굳게 믿었던 시대가 있었다. 또 지금도 '부자가 되면 행복하다.'고 생각하는 사람이 적지 않다. 이것들도 물론 '세뇌'다. 세 가지 보물을 손에 넣고, 좋은 학교와 좋은 직장에 들어가고, 돈이 있다는 것으로 정말 행복이 얻어지는 것만은 아니다. 그런데 사람들은 사회로부터 부여된 메시지를 받아들여 '~하면 행복하다.'고 자기 최면을 걸어 버리고 있는 것이다.

'행복'이라는 감정 다루기

1 '상식'이라는 이름의 세뇌로부터 해방되려면

현재 '상식'이라고 알려진 것들의 대부분은 사회의 메시지와 자기 최면에 의해서 만들어진 것, 즉 사회에 의한 세뇌의 결과에 지나지 않는다. 그러나 세상에 너무 깊고 넓게 침투해 버렸기 때문에 사람이 '상식'이라고 하는 이름의 세뇌로부터 해방되는 것은 무척 곤란하다.

상식에 얽매여서 고통받고 있는 사람, 즉 '좋은 학교, 좋은 회사에 들어간다.', '부자가 된다.'고 사회로부터 강요받은 행복을 얻으려고 노력하다 지쳐 버린 사람은 부디 현상 밖의 목표를 설정해 보길 권한다. 현상 안에 목표를 설정하면 결국 상식에서 벗어날 수 없기 때문이다.

2 '중관'으로 '행복'과 가까워지기

지금까지 살펴본 것처럼 '행복'도 역시 환상의 감정으로, 의심스러운 행복도 많이 있다. 그러나 행복은 사람이 긍정적으로 살아가기 위해 필요하기도 하다. 중요한 것은 '행복'이라는 감정과 친해지는 것이다.

거기에 참고로 하고 싶은 것이 불교의 '공관(空觀), 가관(假觀), 중관 (中觀)'이라는 생각하는 방법이다. 이는 모두 우주와 세계를 관찰하는 관념, 생각하는 방법이다. 즉 공관은 '이 세상의 만물과 현상은 공(空) 이고 실체가 없다.'고 하는 관념이며, 가관은 '이 세상의 만물이나 현상 의 역할을 적극적으로 받아들인다.'는 관념, 중관은 '공관과 가관의 중

간에서 양쪽을 동시에 성립시킨다.'는 관념이다.

'행복'을 예로 든다면. '행복은 실체가 없는 덧없고 허무한 것'이라고 생각하는 것이 '공관'이며, '어쨌든 적극적으로 행복을 추구한다.'고 생각하는 것이 '가관', '덧없고 허무한 것을 확실히 인식하는 중에도 행복을 추구한다.'는 생각이 '중관'이다. 이 중에서 '공관'만으로는 인간도, 인류도 진보시키지 못하고, '가관'만으로는 타인이나 사회로부터 강요된 행복에 휘둘리게 될 수 있다.

그중 추천하고 싶은 것이 '중관'으로, 행복을 받아들이는 것이다. 냉정함을 가지고 '의심스러운' 행복을 확실히 판별하고, 자신의 진정한 '행복=목표 달성'을 지향하는 것이 가장 현명한 행복과 친해지는 방법이라고 할 수 있겠다.

안심

걱정이나 불안이 없고 마음이 편안한 상태. '불안'
이나 '공포'와 대립되며, 인간을 흥분 상태로 만드
는 뇌내물질도 분비되지 않는 평온한 마음이다.

'안심감을 품는' 것, 그것은 결국 '불안과 공포를 느끼지 않는' 것이기도 하다. 안심감을 품고 있을 때 아드레날린과 노르아드레날린 등은 거의 분비되지 않을 것이다.

'내가 있는 장소에 안심감을 품어라.', '함께 있는 상대에게 안심감을 품어라.'는 정보는 자신의 몸과 종족을 지켜야 하는 생물에게는 매우 중요하다.

인간의 안심감은 고도로 정보화되어 있다

'무엇으로 안심감을 얻는가'는 인간과 그 이외의 동물에서 조금 다르다.

인간 이외의 동물은 '눈앞에 있는 상대가 자신에게 해를 입히는 존재가 되지 않는 것', '둥지를 틀 장소 주변에 적이나 위험 요소가 존재하지 않는 것' 등으로 물리적인 조건이 충족된다면 안심감을 얻는다.

그에 비해 전두전야가 발달한 인간이 품는 안심감은 고도로 정보화되어 있다. 물론 '자신과 가족의 심신에 대해 위험이 미칠 리스크가 낮을 때 안심감을 품는다.'는 기본은 변함이 없다.

그러나 인간의 경우, '나와 가족의 몸을 지킬 힘이 있다.', '튼튼하고 견고한 집에서 살고 있다.'는 물리 공간에서의 안심감보다 '어떤

문제가 발생해도 해결해 주는 우수한 변호사를 고용했다.', '내진 구
조나 경비가 잘 갖춰진 고급맨션에 살고 있다.'는 정보 공간에서의
안심감을 보다 중시하는 경향이 있다.

 아무리 맨션 자체가 내진성이 있어도 지진에 취약한 지반에 세
워진 것이라면 의미가 없으며, 우수한 변호사가 반드시 승소하리란
보장도 없다. 그러므로 만일 안심감을 얻었다고 해도 그것이 속임
수일 가능성이 충분히 있다고 말할 수 있다.

비슷한 듯 다른 '안심'과 '릴랙스(Relax)'

'안심하고 있는' 상태와 '긴장을 풀고 편안한(Relax)' 상태는 비슷한 듯해도 사실 다르다.

'안심'은 기본적으로 마음의 상태를 가리키는 말이다. 그리고 '릴랙스'는 부교감신경이 우위인 신체의 상태를 가리킨다.

예로, 어떤 불안함을 느끼더라도 목욕을 하면서 감미로운 음악을 듣거나 하는 것으로 몸을 편안하게 할 수 있고, 반대로 안심감을 느끼면서도 일시적으로 긴장하는, 즉 교감신경이 우위가 되는 경우도 있다. '집에서 요리를 할 때, 그 장소에 대해서는 안심감을 품고 있다면, 튀김요리를 하는 순간만 긴장하는' 사람은 더러 있을 것이다.

이처럼 일상 용어 중에는 정의가 모호한 채로 쓰이는 언어가 실은 많다.

'안심'이라는 감정의 심리적 측면

사람은 예상할 수 있는 리스크의 두 배의 보장이 없으면 안심할 수 없다

물리 공간의 불안과 달리 정보 공간의 불안에는 실체가 없고 막연하며, 제한이 없다. 예를 들어, 현대의 일본에는 굶어죽는 사람은 거의 없다. 아무리 가난해도 공적인 제도를 이용하면 굶지는 않는다. 그런데도 사람들이 더 많은 돈을 모으려고 열심히 일하는 것은 안심감을 얻고 싶기 때문이다.

일설에 의하면 사람은 예상할 수 있는 리스크의 두 배의 보장이 없다면 안심할 수 없다고 한다. 결국 생활면에서 안심하려고 평생 필요하다고 예상되는 생활비의 배가 넘는 돈이 필요하게 된다.

그래도 안심할 수 없다면

그러나 비록 그만큼의 돈을 손에 넣었다 해도 '예상보다 더 오래 살지도 모른다.', '인플레이션이 발생할지도 모른다.'고 생각해 안심할 수 없는 사람도 있을 것이다. 좀처럼 안심감을 얻을 수 없는 사람은 꼭 앞에서 소개한 「불안」 항목의 '느낄 필요 없는 불안을 해소하는 방법'을 읽어 보길 바란다.

사랑

사람이나 물건 등을 사랑스럽게 생각하고 소중하게 여기는 마음. 사랑스러워하는 감정의 바탕이 되고 있는 것은 '내 자식을 소중히 여긴다.'는 본능적 감정이다.

사랑은 '아이 우선 회로'로부터 생긴 감정

'사랑'은 대부분의 종족이 가진 감정이라고 할 수 있겠다. 자연계에서는, 생물은 한정된 식료나 물을 가정이나 집단에서 서로 나누며 살아간다. 그때 어른과 아이가 쟁탈한다면 당연히 몸이 큰 어른이 유리하지만 그렇게 되면 종족이 멸종하고 만다.

그래서 종족을 보존하기 위해 뇌에 내장된 것이 '부모가 아이를 소중히 여기고 무엇이든 아이를 우선시한다.'는 회로이다. 이 '아이 우선 회로'는 진화의 과정에서 살아남은 종족에게는 반드시 존재하고 있다.

최근 fMRI(MRI를 사용한 뇌 활동의 계측) 연구에서는 임신 중에는 사회 활동에 관계된 부분인 회백질(灰白質 : 뇌나 척수에서 신경 세포가 모인 부분) 양에 분명한 변화가 나타나는 것이 확인되고 있다. 사랑은 본래 '아이 우선 회로'로부터 생겨난 감정으로, 사랑을 느끼면 뇌에서 도파민과 엔돌핀이 방출된다.

회로가 독보적이면 다양한 대상에 사랑을 느끼게 된다

한 번 뇌에 회로가 생기면 점차 그 회로는 다양한 활동을 하게 된다. 예를 들어, 아이 우선 회로가 내장된 생물은 자신의 아이뿐 아니라 타인의 자식이나 아이 세대 전반에 대해 사랑을 느끼게 된다. 이것은 서로 지켜 주고 의지하지 않으면 자연계에서 살아남아 종족을 보존할 수 없기 때문이다.

배우자에게 사랑을 느끼는 것도 아이 우선 회로가 관계하고 있다. 뇌가 배우자에게 '함께 아이를 만들고 기르는 상대'라는 의미 부여를 하기 때문에 '자식과 똑같이 소중하게 여기지 않으면 안 된다.'는 의식이 발동하여 '사랑'이라는 감정이 일어날 수 있는 것이다.

거기에 회로가 독보적이면 뇌는 '소중한 존재'라고 판단한 모든 상대에 대해 애정을 느끼게 된다. 따라서 친구나 애인, 화초, 애완동물뿐 아니라 길가의 조약돌, 애용하는 컴퓨터와 같은 무기물에 사랑을 느끼는 사람도 있는 것이다.

아이가 생기면 아이 우선 회로는 강화된다

또 아이가 생기면 세로토닌과 '엄마 호르몬'이라고 불리는 옥시토신(Oxytocin) 등 뇌내물질의 조합이 변화하여 아이 우선 회로가 더욱 강화되는 것을 알 수 있다.

독신일 때는 아이를 싫어했지만 결혼하고 출산하게 되면서 자신의 아이뿐 아니라 남의 아이도 귀엽다고 느껴지는 것은 그 때문이다.

또, 아이가 태어남으로써 회로가 강화되는 것은 임신·출산을 하는 여성만이 아니다. 파트너가 아이를 낳으면 실제로는 임신·출산을 경험하지 않은 남성의 회로도 바뀐다.

다른 감정이 '사랑'을 능가하는 경우도 있다

'내 아이가 사랑스럽다.'는 정상?

자기 아이에 대해 사랑을 느끼지 못하는 것은 생물학적으로는 어렵고, 좀처럼 없는 경우다. 단, 아이 우선 회로의 강도나 사랑을 느끼는 정도에는 물론 개인차가 있다. 임신·출산을 경험하지 않아도 원래 아이를 좋아하는 사람이 있는가 하면, 자기 아이에 대해서도 사랑을 느끼지 못하는 사람도 있는 것이다.

불륜, 도박… 강렬한 감정에 밀리는 경우도

이기적인 마음이나 번뇌가 '사랑'을 능가하는 경우도 있다. 사랑도 결국은 하나의 감정에 불과한 것이다. 다른 감정이 한층 고조될 때는 무심결에 방치되어 버린다.

예를 들면, 불륜의 연애로 얻을 수 있는 기쁨과 행복 등이 자식 사랑을 능가한 경우, 사람은 '자식을 버리고 가출하는' 행동이 나온다. 또 돈에 대한 욕망이나 집착이 사랑보다 강할 경우, 부모 자식 간에 금전 문제가 발생할 수도 있다.

특히 무서운 것이 도박이다. 자식을 차에 남겨 둔 채 도박에 정신이 팔린 부모가 있는데, 자식에게 사랑이 없는 것은 아니다. 다만 도박을 하면 도파민이 과다하게 방출되어 다른 감정을 모두 망각하게 되는 것이다.

사랑을 컨트롤하는 방법

　사랑은 매우 중요한 감정이지만 지나치게 강해서 조절하기 힘들어지면 종종 문제를 일으키는 경우도 있다. 자기 자식을 지극히 사랑한 나머지 과보호가 되어 이른바 '괴물 부모'가 되거나 애인을 지나치게 사랑해서 '스토커'가 되는 것은 생각해 볼 일이다.

　그런 사태를 피하려면 '사랑'이라는 감정을 하나의 대상에만 집중하지 않도록 한다. 자식에 대한 사랑이 지나치게 강하다고 느낀다면 애완동물을 길러 보고, 애인에 대한 사랑이 지나치다고 느껴지면 일이나 취미에 몰두해 보는 등 가능한 한 사랑의 감정을 분산시키도록 한다.

치유

병이나 상처, 고통, 슬픔 등이 낫는 것. 치유의 감정에는 '세로토닌', '옥시토신'이라는 뇌내물질이 깊이 관여한다.

아! 치유되는 느낌~

미녀　　　　　바다　　　　　　　산

마사지

온천

애완동물

1990년대 말쯤 '치유'를 테마로 한 서적, 잡지 기사, TV 프로그램 등이 많이 돌아 '치유'에 관련된 상품이나 광고가 대접받는, 이른바 '치유 열풍'이 일었다. 이후 '치유'라는 말이 예사처럼 쓰이게 되었고, 지금도 '산이나 숲, 남쪽 바다에 가서 치유되었다.', '온천욕으로 치유되었다.', '애완동물에게서 치유되었다.', '마사지로 치유되었다.'는 표현을 자주 듣는다.

그러나 '치유'라는 말의 의미를 정확히 파악하고 있는 사람은 적지 않을까?

한마디로 '치유'는 크게 두 가지로 분류할 수 있다.

하나는 '몸의 치유'다. 몸의 피로를 풀고 교감신경 우위인 상태를 부교감신경 우위인 상태로 만드는 것, 다시 말해 긴장을 풀고 편안한 상태가 되는 것을 가리킨다. 온천이나 마사지 등으로 치유되는 것은 주로 몸이다.

그리고 또 하나는 '마음(감정)의 치유'다. 마음의 피로를 풀고, 스트레스를 줄이거나 없애는 것을 가리킨다. 대자연에 파묻히거나 애완동물을 기르며 치유되는 것은 주로 마음이라고 할 수 있다.

물론 몸과 마음(감정)은 서로 밀접하게 관련되어 있다. 몸이 피곤

할 때는 마음도 지치므로 스트레스를 줄이는 것은 몸을 편안하게 하는 것이기도 하다. 반대도 마찬가지이다. 몸이 피로로부터 해방되어 편안함을 느끼면 스트레스가 줄어 마음도 치유된다.

||||||||| '치유 호르몬' 세로토닌과 옥시토신

치유와 깊이 관련되어 있는 뇌내물질은 '세로토닌'과 '옥시토신'이다. 두 가지 모두 체내에서 여러 가지 기능을 하고 있는데, 심신의 안정에도 깊이 관여해 '행복 호르몬', '치유 호르몬'이라고 한다.

세로토닌에는 전두전야를 활성화시켜 해마나 편도체의 과도한 움직임을 억제해 도파민과 노르아드레날린 등의 폭주를 억제하는 작용이 있다.

그 때문에 세로토닌이 부족하면 사고 능력과 의욕이 떨어지고 감정의 기복이 심해져서 교감신경이 우위가 되는 상태가 되기 쉽다.

또, 옥시토신에는 세로토닌을 활성화시키거나 부교감신경계를 자극해서 뇌의 피로를 풀거나 스트레스에 대한 내성을 강하게 하는 역할을 한다.

치유의 감정은 단순히 기분의 문제가 아닌 뇌내물질이 깊이 연관되어 있다고 할 수 있다.

스트레스가 세로토닌과 옥시토신을 감소시킨다

세로토닌과 옥시토신의 분비량은 수면 부족이나 운동 부족, 편식, 만성적인 스트레스를 지속적으로 받는 경우에 감소한다.

결국 불규칙한 생활이나 스트레스 등으로 세로토닌과 옥시토신이 부족해지면 정신이 불안정하게 되고 교감신경이 우위가 되어 뇌와 몸이 충분히 휴식을 취하기 어려워진다. 그 때문에 더욱 피로와 스트레스가 쌓여 세로토닌과 옥시토신이 감소하는 악순환이 일어나기 쉽다.

그러나 어떤 행위로 심신의 피로나 스트레스가 줄어들면 세로토닌과 옥시토신의 감소가 억제되어 정신이 안정되고 몸도 편안한 상태로 돌아온다. 그때 사람은 '치유되었다'고 느끼는 것이다.

현대인의 '치유'라는 감정 다루기

1 몸을 치유하는 데 '치유'는 필요 없다

몸을 치유하는 것은 물론 중요하다. 「긴장」의 항목에서도 설명했지만 현대인의 몸은 환경 변화에 능숙하게 적응하지 못해 항상 스트레스를 받아 긴장 상태에 있다. 교감신경 우위인 신체를 의식적으로 부교감신경 우위로 만드는 것은 심신의 건강함을 지키는 데 중요하다.

보통 현대인이 '몸이 피곤하다'고 느끼는 상태는 대부분 단순한 체력 부족이다. 운동 부족에 고칼로리 식사와 짧은 수면 시간으로 인한 에너지 고갈로 신체가 피곤한 것처럼 느끼는 것이다. 물론 불규칙한 생활이나 편식은 세로토닌이 부족해지는 원인이기도 하다. 그런 경우에 필요한 것은 온천이나 마사지가 아닌 적당한 운동과 영양가 높은 식사, 충분한 수면이다.

2 '스트레스 사회'라는 환상을 인식한다

'현대 사회는 스트레스 사회'라고 자주 말하지만, 지금 우리 현대인들이 느끼는 마음의 피로와 스트레스는 사실 그 정도로 심각하지는 않다.

엄격한 신분제도에 얽매여 복종하며 살았던 시대나 멈추지 않는 공격에 두려워하던 전쟁 시대에 비하면 스트레스는 훨씬 적은 것이 아닐까?

결국 '치유(치유됨.)'라고 하는 것은 평화롭고 문명적인 사회였기 때문에 생겨난 사치스러운 감정이라고 할 수 있다. 생명의 위험에 노출되면서 지내다 보니 지나치게 자연이나 애완동물에 접촉해 '치유되었다'고 느끼는 것은 아닐지.

'치유 열풍'이라는 것은 어디까지나 캠페인에 불과하다. 오락으로서 온천이나 마사지를 하는 것, 자연이나 애완동물을 기르는 것은 자유지만 미디어의 정보에 휘둘려 필요 이상으로 '우리들은 피곤하다.', '우리들은 스트레스를 품고 산다.'는 착각은 금물이다.

감사

상대의 행위에 의해서 자신이 얻은 은혜나 이익에 대해 적극적으로 평가하고 고맙게 여기는 마음. 고마운 마음을 어떠한 형태로 나타내기도 하고 예의를 말로 하는 것으로, 그 감정을 표현하는 경우가 많다.

'감사'를 하면 자기 자신도 행복한 마음이 된다?

'감사'라고 하는 감정은 매우 좋은 것, 아름다운 것이라고 인식하기 쉽다. 삶의 방식을 설명한 책에는 반드시 "주변 사람에게 감사하자.", "살아갈 수 있다는 것에 감사하자."라는 말이 쓰여 있을 것이다.

또, 무언가에 감사할 때에는 뇌에 기분을 좋게 하는 신경전달물질인 베타 엔돌핀(Beta Endorphin)이 분비되어 감사의 감정을 가진 자기 자신도 행복한 마음이 된다고 한다.

'감사'는 받은 후의에 대한 대가에 지나지 않는다

따뜻한 이미지가 강한 '감사'지만, 실은 본래 매우 냉정한 감정이다.

예를 들면, 유럽의 레스토랑에서 식사를 한 경우이다. 손님은 음식의 가격과는 별도로 종업원에게 받은 서비스에 대한 고마운 마음을 '팁'으로 전달한다. 그 금액이 규정 이하거나 또는 규정에 지나지 않는 것이라면 종업원은 그저 아무런 말없이 받거나 무표정한 얼굴로 "땡큐."라고 말만 할 것이다.

그러나 팁이 규정 이상의 액수라면 활짝 웃는 얼굴로 진심 어린 감사를 담아 "땡큐!"라고 말할 것이다. 이때 종업원은 자신이 제공한 서비스 이상의 대가를 받았다고 느끼고 그 차이를 '상대에 대한 감사'로 채우고 있는 것이다.

결국 '감사'라고 하는 감정은 상대로부터 받은 후의에 대한 대가이며, 돈으로 환산할 수 있으면 돈으로 대신 사용될 수도 있는 것이다.

'팁'이 없는 나라의 특수한 사정

일본의 경우는 어떨까? 일본에는 '팁'이라는 제도는 없다. 오히려 음식점의 주인이나 종업원이 때로는 받은 대가 이상으로 서비스를 제공해도 반드시 손님에게 감사의 말을 전한다. 왜일까?

그것은 '서비스를 제공하는 측(가게)과 서비스를 받는 측(손님)은 대등하다.'고 인식하는 미국, 유럽 등과는 달리 일본 사회에서는 '손님은 왕'이라는 인식이 깊게 박혀 있어서 서비스를 받는 사람의 입장이 높게 설정되어 있기 때문이다.

게다가 한국이나 일본처럼 유교의 영향을 강하게 받은 나라는 '윗사람 입장'의 위치에 있는 사람이 한 일에 대해서는 무조건 감사해야 한다는 의식이 작용한다. 그 때문에 가게의 입장에서는 손님이 어떻든 간에 우선은 돈을 지불해 주는 것에 감사의 마음을 표시하는 것이다.

'서로에게 감사하는' 것도 일본 특유의 현상

'손님은 왕'이라고 생각하는 한편에, 일본에는 '사람은 서로 감사해야 한다.'는 문화도 뿌리 깊게 남아 있다. 그 때문에 손님은 손님대로 식사나 서비스의 대가를 충분히 지불했더라도 종업원에게 감사의 말을 전하는 것이 보통이다.

또, 업무상 주고받는 메일에는 반드시 "항상 신세지고 있습니다."라는 말을 적고 있다. 부하는 상사의 지시에 따라 일하고 상사는 부하를 도와줄 뿐인데, 서로에게 "고맙습니다." 하고 말하거나 집안일을 도와주는 자녀에게, 또는 자신을 보살펴 주는 부모에게 감사해하는 경우가 많은 것도 일본 특유의 현상이라고 말할 수 있다.

일본인의 '감사론'

서로 감사하는 것은 후의의 대가를 상쇄하는 것

일본의 감사 방법을 '미덕'이라고 생각하는 사람도 있을지 모르지만 일본이나 서양이나 '감사라는 감정이 상대로부터 받은 후의에 대한 대가'라고 하는 기본적 사실은 변하지 않는다.

근래 일본의 '접대 문화'가 화제가 되고 있다. 어쩌면 서양 사람은 일본 음식점 등에서 무상으로 받은 '감사'에 놀라거나 기

감사의 감정

뺌을 느낄지도 모른다. 그러나 일본인은 일본인 나름대로 서로에게 "감사합니다."라고 말하는 것으로 감사의 대가를 상쇄하고 있는 것뿐이다. 팁 등 굳이 돈을 쓰지 않고도 후의의 대가를 쉽게 치르는 일본인은 어쩌면 가장 효과적으로 교묘하게 '감사'라는 감정을 이용하고 있는 민족일지도 모른다.

'후의받고 모른 척'은 용납되지 않는다

서로에게 감사하는 것을 당연하게 여기는 일본인은 후의를 받고도 모른 체하는 것에 대해 다른 나라 사람보다 혹독하다고 말할지도 모른다.

예를 들면, 앞에서 다가오는 사람이나 차에 길을 양보했는데 감사의 말없이 지나쳤을 때, 또는 시험 전에 친구에게 노트를 빌려 줬는데 '고맙다'는 한 마디 말도 없이 그저 노트만 되돌려 받았을 때다. 이런 때 만약 불쾌한 기분이 들거나 상대에게 화를 내고 싶다면 나도 모르게 '길을 양보한다.', '노트를 빌려 준다.'는 행동에 대해 '감사'라는 대가를 바란 증거다.

‘손님과 가게’, ‘상사와 부하’, ‘부모와 자식’이라는 상하관계에서 윗사람이 아랫사람에게 감사를 표시하지 않는 것은 허용된다. 그러나 대등한 상대에게 무상으로 제공받은 것에 대해 ‘감사’라는 대가가 없다는 것은 먹튀나 도둑질하는 것과 같은 용서할 수 없는 행동인 것이다.

동물 세계에는 '감사'가 존재하지 않는다

이처럼 ‘감사’는 고도로 정보화된 매우 인간적인 감정이다.

인간 이외의 동물에게는 아마도 기본적으로 ‘감사’라는 감정은 없을 것이다. 예를 들어, 동물의 어미가 새끼에게 먹이를 가져다주는 것은 어디까지나 본능적인 행동으로, 새끼는 그것을 감사하다고 여기지는 않는다. 그러나 생물학적으로 보면 어미는 그 행위에 의해서 ‘종족의 보존’이라는 대가를 얻고 있다.

인간 이외의 동물 세계에는 ‘감사’ 등 정보상의 대가는 존재하지 않고, 다만 물리적인 대가가 있을 뿐이다.

당연 하지~

동경

이상(理想)인 사물이나 인물에 강하게 마음이 끌리고, 몹시 그리워하거나 목표로 삼기도 하는 것.

아이들이 '동경하는 대상'은 폭넓다

어떤 대상에 '동경'이라고 하는 감정을 가질지는 아이와 어른이 큰 차이가 있다.

아이는 여러 가지 다양한 대상에 폭넓게 동경한다. '굉장하다', '멋지다'고 생각하는 상징적인 인물이나 사물이 있으면 어떤 것이든 동경한다. 부모나 같은 반 친구·동아리 선배·선생님이라는 주위의 가까운 사람을 동경하는 경우도 있고, 국내외의 대스타나 미국의 대통령·애니메이션의 캐릭터나 군대의 영웅을 동경할 수도 있다. 인물 이외라면, 예를 들어 우주여행이나 시간여행 같은 것을 동경하는 것도 있을지도 모른다.

아이들 중에서 자신의 능력이나 적성, 사회의 현실을 고려해 '나의 이상적인 모습'을 냉정하게 꿈꾸는 일은 거의 없다. 때문에 현실적으로 달성 가능성이 있을지 어떨지를 고려하지 않고 폭넓은 관심사들에 대해 동경하는 것이다.

어른은 달성 가능한 것만 동경한다

반대로 어른이 동경하는 대상은 회사의 선배나 상사, 미디어 등에서 소개한 우수한 경영자, 또는 고작해야 입지전적인 인물 등이다. 또, 노력하면 얻을 수 있는 것이나 라이프 스타일을 동경하는 사람도 있을지도 모른다.

나이가 들어 경험이나 지식이 늘면 사람은 아무래도 '현실 사회 안에서 나는 얼마나 달성 가능한지'를 생각할 수 있게 된다. 그리고 그때 자신이 달성 가능한 일 중 최고의 것을 동경할 수 있도록 된다. 어른이 미국 대통령이나 애니메이션 캐릭터 등 자신에게 '될 수 있다.'는 가능성이 전혀 없는 것에 진심으로 동경하는 경우는 기본적으로 없다.

만약 그런 것에 동경하는 감정을 품었다면 그것은 마음 어딘가에 '될 수 있다.'는 생각이 있는 것일지도 모른다.

'동경'과 '질투'는 표리(表裏)의 감정

사실 어른의 동경 형태는 '질투'와 비슷하다.

어른에게 있어서는 동경도, 질투도 '나보다 혜택받고 있다.', '나보다 뛰어나다.'고 느끼고, 또 '나도 비슷하다.', '나도 될 수 있다.'고 생각하는 상대에게만 느끼는 감정이기 때문이다.

물론 그중에는 도무지 비슷한 수준이 아닌, 예를 들면 사회적으로 성공한 사람이나 미디어에서 널리 알려진 유명한 사람에 대해 "저 정도의 재능으로 성공하다니 인정할 수 없어.", "저 정도의 얼굴로 사랑받다니 이해가 안 돼."라며 질투를 느끼는 사람도 있다. 그러나 그 근저에는 "어쩌면 나도 그들처럼 될지도 모르는 거지." 하고 믿고 있는 것이다.

'질투'는 바로, '동경'의 반증된 감정이라고 할 수 있다.

'동경'이라는 감정 다루기

1 '동경'을 목표 설정에 유용하게 활용한다

인물이든 삶의 방식이든 무언가에 대해 동경을 가지는 것은 자신의 이상적인 목표를 구체적으로 설정하는 데에 상당히 유용하다.

그러나 그것이 질투의 감정으로 변하면 긍정적인 행동에 제약을 주기 때문에 전두전야를 움직여 목표 설정을 재점검해 볼 필요가 있다. 구체적인 내용은 「질투」의 항목을 참조한다.

멋지다!

2 '동경하는 사람처럼 되고 싶다.'는 생각은 금물

목표는 항상 '현상 밖'에 설정하는 것이 기본이다. '동경'은 선배나 상사라는 '현실 내측'의 사람보다는 전문 분야가 전혀 다른 사람이나 그것이야말로 현 단계에서는 따라잡을 수 없다고 생각되는 사람 등 외측의 사람에게 품도록 하자.

또 목표를 설정할 때, '저 사람처럼 되고 싶다.'는 생각을 해서는 안 된다. 그것은 진정한 의미에서 자신의 목표가 될 수 없기 때문이다.

사람은 모두 다른 인격을 가지고 있어서 아무리 노력해도 완전하게 '저 사람'이 될 수는 없다. '저 사람처럼 되고 싶다.'고 필사적으로 열심히 노력해도 결국은 동경하는 복사판밖에 될 수 없는 것이다. 그러면 영원히 '나는 저 사람이 될 수 없다.'는 생각을 계속 품게 되어 결국 자기평가를 저하시킨다.

만일 동경하는 사람이 있다면 꼭 '저 사람을 뛰어넘을 것'을 노려 자신만의 목표를 설정해 보자.

호기심

새로운 것을 좋아하고 자신에게 있어서 희한한 것과 미지의 것들에 대해 강한 관심과 흥미를 갖는 마음. 사물을 탐구하고자 하는 마음. 사람마다 도파민의 분비량에 따라 그 정도는 다르다.

알고 싶어

해 보고 싶어

만져 보고 싶어

더 보고 싶어

　　일반적으로 호기심이 있는 사람은 '행동력이 있는 사람', '높은 지성을 가진 사람'이라고 평가되고 있다.

　　그러나 생물학적으로 보면 호기심, 즉 '알고 싶다'고 하는 감정은 어디까지나 호메오스타시스 활동의 일부에 지나지 않는다.

　　「수치심」의 항목에서도 설명했듯이 생물은 항상 자신과 환경과의 사이에서 정보를 주고받고, 환경에 어떤 변화가 일어나면 즉각 대응해 생체로서의 항상성을 유지하려고 한다. 이것이 바로 호메오스타시스이며, 살아남기 위해 불가결한 활동이다.

　　그리고 환경 사이에서 교환되는 것은 온도나 습도, 지형 등 물리적인 정보만이 아니다. 특히 인간의 경우는 주변 사람과의 관계성과 책으로 얻은 보다 추상도가 높은 정보를 받아들이고 자아나 세계관, 인식 패턴(빌리프 시스템)을 구축해 매일매일 계속 갱신한다.

　　'호기심에 근거한 행동'으로 볼 수 있는 것은, 사실은 호메오스타시스를 위한 빌리프 시스템의 갱신 활동이다. 이사 갔을 때, 개나 고양이 등 애완동물은 새로운 집을 구석구석 둘러본다. 이것은 자기의 생명을 지키기 위한 행동으로, '여기에 먹이를 숨길까?', '여기에 적은 없는지' 등 새로운 환경을 정찰(偵察)하고 정보를 자기 안으로 받아들여 빌리프 시스템을 갱신하고 있는 것이다.

인간의 경우도 마찬가지다. 지식이나 분별이 없는 어린 아이에게 뚜껑이 닫힌 상자를 넘기면 십중팔구 억지로 열려고 할 것이다. 어른이라도 호기심이 강하다고 말할 수 있는 사람들은 보이지 않는 것을 보려고 하고, 탐욕으로 지식을 얻거나 해 보지 않은 일을 적극적으로 실행해 보거나 한다. 그것들의 근저에는 '살아남기 위해 자신 주변에 있는 것(환경)을 가능한 한 알아두고 싶다.'는 본능적인 욕구이며, 그것을 사람은 '호기심'이라고 부르고 있는 것이다.

호기심의 강도는 도파민의 양에 좌우된다

호기심은 생존 본능에 근거한 것으로, 본래는 누구에게나 있는 감정이며 없어지지 않는다. 단, 빌리프 시스템의 갱신 활동은 물리적·정신적인 운동을 수반하며 상당한 에너지를 소비하여 대량의 도파민을 필요로 한다. 그 때문에 체력과 도파민의 분비량에 따라 호기심의 정도는 크게 변한다.

예를 들면, 호기심이 왕성한 사람은 에너지가 넘치고 도파민의 분비가 많고 활동적인 경향이 있다. 물론 호기심이 있는 것은 본인에게 있어서는 어떠한 문제도 없다. 얻은 정보를 적절하게 활용할 수만 있다면 사회를 살아가는 데 메리트가 클 것이다.

그러나 무엇이든 알고 싶어 하고 생각한 대로 바로 행동으로 옮겨 버릴 수 있기 때문에 주변 사람들이 농락당해 피해를 입히는 경우가 적지 않다.

반대로 도파민의 분비가 적은 사람은 당연히 '새로운 일을 하고 싶다.', '무언가를 알고 싶다.'는 의욕도 적어지기 쉽다.

에…, 어제 남극에서 막 돌아왔잖아요.

피라미드에 올라가고 싶어졌네. 이집트에 다녀오겠어!

'호기심'을 능숙하게 활용해 생기 넘치게 살아가는 방법

'호기심'을 잃는다는 것은 삶의 의지가 없는 것

나이가 들면서 호기심이 줄어드는 것은 '나'라는 개체가 살아남는 것을 멈춘다는 본능이 작용하기 때문이다.

다음 세대를 키우고 종족을 존속시키기 위해 나이를 먹으면 생물은 반드시 죽는다. 보통은 자녀 세대가 성인이 되면 부모 세대는 죽음을 맞이하도록 프로그래밍 되어 있지만, 인간의 경우 성장이 늦어져서 손자 세대가 성인이 될 때 조부모 세대가 죽음을 맞이하게 되어 있다. 이를 위한 준비 하나가 '호기심을 잃어버리는' 것이다. 즉, 빌리프 시스템의 갱신을 멈추고 살아남기 위한 활동을 멈추는 것이다.

호기심을 잃는다는 것은 관대한 자살의 시작이라고 해도 좋을 것이다. 실제로 호기심을 잃으면 사람은 1년 반 만에 죽어 버리겠다고도 한다.

또 호기심을 잃은 사람, 즉 미래지향적이지 않은 사람, 새로운 것에 대한 도전 정신이 없는 사람은 사회에서도 자리를 잃게 된다.

'호기심'을 유지하려면

나이와 상관없이 호기심을 유지하며 살아가고 싶은가, 아니면 어느 정도 나이를 먹으면 새로운 것을 알려고 하거나 시도해 보려 하지 않고 조용히 살아가고 싶은가? 그즈음의 가치관은 사람에 따라 다르겠지만 아직 건강하게 움직일 수 있는 연령이라면, 또는 '오래 살고 싶다.'고 생각하고 있다면 호기심을 잃어서는 안 된다.

호기심을 계속 유지하기 위해 필요한 것은 이 책에서 몇 번이나 소개했는데, 현상 밖에 목표를 설정하는 것이다. 예를 들면, 회사원이 '회사에서 출세하고 싶다.'고 생각하고 그 목표를 달성하기 위해 행동해도 매일 매일의 생활은 달라지지 않을 것이다. 그러나 회사원이 '배우가 되고 싶다.'고 생각하고 행동하면 새로운 세계가 눈앞에 전개되고 호기심을 갖지 않을 수 없게 될 것이다.

세계관이 싹 바뀌고 빌리프 시스템이 대폭 갱신된다면 뇌는 새로운 세계를 '자신이 머물 곳, 즉 컴포트 존'으로 인식하도록 되지만, 빌리프 시스템이 점점 갱신되지 않는다면 호메오스타시스의 강한 힘에 의해 언제까지나 지금의 상태를 유지하려고 한다. 그리고 이런 현재의 상황 속에서 목표를 설정하는 것은 빌리프 시스템을 거의 갱신하지 않는 것과 같아서 '새로운 것은 필요 없다.', '어제도 오늘도 내일도 마찬가지로 좋다.', '미래는 필요 없다.'고 생각하는 것과 같은 것이다.

명예심

명예(자신의 능력과 행위에 대한 좋은 평판이나 평가)
를 중시하고, 명예를 얻고자 하는 감정.

명예심은 몸도, 마음도 '노예'가 되었다는 증거

정확히 말하면 인간에게 명예심이 생기는 것은 어른이 되어서부터다. 물론 어릴 적에 부모나 친구, 학교 선생님에게 칭찬받고 싶다고 생각하는 것은 있다. 그러나 칭찬받는 것을 '명예'라고 생각하는 것은 어른뿐이다.

'명예심'이라는 것은 자신이 몸도, 마음도 '노예'로 되어 있다는 증거다. 왜냐하면 명예심은 '권력'으로부터 얻는 것을 아무 의심도 없이 '고맙다', '갖고 싶다'고 생각했을 때 갖는 감정이기 때문이다.

사회에는 사람을 노예화하는 장치가 많다

'노예'라는 것은 참으로 비참한 존재다. 심신이 구속되어 선택의 자유가 없고, 매일 싫은 것을 해야만 한다. 태어날 때부터 노예가 되고 싶은 사람은 없을 것이다. 하지만 지배당하는 것에 익숙해져 버리면 사람은 노예로 지내는 것에 편안함을 느끼게 되어 시간, 신념, 목숨 등 자신에게 소중한 것을 스스로 지배자 쪽에 넘기게 된다. 노예인 상태가 컴포트 존이 되어 그 상태로 머물게 된다면 호메오스타시스가 활동하기 때문이다.

현대 사회에도 사람들을 노예화해 지배하고, 자유를 빼앗아 진정으로 자기다운 인생을 보내지 못하게 하려는 장치가 많다. 그중에서 좋은 생각일 수 있다는 것은 0.0000001% 정도의 정말 극소수의 사람뿐이다.

'명예심'이라는 감정 또한 지배에 이용되고 있다.

노예들은 자신의 족쇄의 질을 서로 자랑한다

노예들은 '자신의 족쇄(사슬)가 얼마나 훌륭한가'를 서로 자랑한다. '노예 중에서 자신이 대우가 좋다.', '주인에게 총애를 받고 있다.'고 느끼면 기뻐하게 되어 버리는 것이다.

이처럼 노예들이 서로 주인의 총애를 받으려 경쟁하는 것은 지배자로서는 바랄 바가 없는 일이다. 노예들이 점점 순종적이게 되고, 의지를 보이며 일해 주기 때문이다.

'명예'는 바로 족쇄의 상징이라 할 수 있다. 전쟁 중 군대에서는 '명예'를 얻기 위해 수많은 병사가 죽어갔다. 또 노벨상과 훈장, 각 단체의 '명예회원'이라는 상이나 지위는 지배자가 노예에게 주는 족쇄와도 같은 것이다. 그러한 족쇄를 순순히 감사하는 감정, 즉 명예심은 지배당하는 것을 전면적으로 받아들이면서 생겨나는 감정이다.

인간은 노예화되지 않는 삶을 선택할 수 있다

　지배되어 노예가 되는 것을 대수롭지 않게 여기는 사람이 많다는 것은 어떤 의미로는 어쩔 도리가 없다는 것이다. 왜냐하면 모든 생물에는 그러한 유전자가 포함되어 있기 때문이다.

　노예화되어 부여받은 역할을 담담하게 다루는 개체가 많은 쪽이 종(種)으로서는 살아남기 쉬운 것이다. 일개미나 일벌이 열심히 일하지 않는다면 개미나 벌은 벌써 멸종되고 말았을 것이다. 생식을 담당하는 여왕개미나 여왕벌도 또 '종'이라는 것에 이용되는 노예라고 할 수 있다.

　그러나 인간은 사고나 의사에 따라 본능이나 감정에 휘둘리지 않고 사는 것이 가능하다. 특히 현대 사회는 엄격한 신분제도가 있는 것도 아니고, 법률에 따라 행동에 엄격한 제약이 있는 것도 아니다. 노예화하는 것을, 좋지 않은 삶을 선택하는 것도 충분히 가능한 것이다.

'명예심'이라는 감정 다루기

1 상이나 훈장을 받게 된다면

'나'라고 하는 존재에 자신감을 가지고 자신이 정한 목표만을 바라보며 살아가는 사람이라면 아무리 권위 있는 상이나 훈장 등을 받게 된다 해도 당혹감이나 망설임, 혐오감 등을 느낄 것이다. 실제로 노벨상을 거부한 사람도 과거에 몇 명인가 있다.

또는 마음속에서 '이런 것 받아도 전혀 기쁘지 않다.'고 생각하면서

'받아두면 장사에 이용될 수 있겠지.', '필요 없다고 하는 것도 좀 애 같겠지.' 하는 생각에서 어쩔 수 없이 받는 사람도 있을지도 모른다. 이런 사람들은 노예가 아니다. 자신의 가치관을 확고하게 가지고 그 것을 어떻게 활용할지를 고민하기 때문이다.

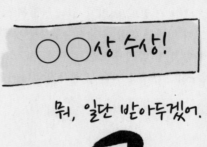

위험한 것은 일말의 의심도 없이 진심으로 '명예다', '기쁘다'고 생각하는 것이다.

2 '명예심'은 올바른 목표 달성의 방해가 된다

명예심은 호기심과 정반대의 감정이다. 자신의 삶의 방식이나 가치관을 스스로 만들어 가는 것이 아닌 '이미 만들어진 가치관을 그대로 받아들여 살고 싶다.'는 마음이 드러난 감정이다. 명예심이 높다는 것은 호기심이 적어지는 것이어서 생을 마감할 준비를 시작하는 것과 같다.

또, 명예심은 필요 없을 뿐만 아니라 사람이 올바른 목표를 설정하고 달성하는 것을 방해하는 감정이기도 하다.

상이나 훈장 등을 받는 것은 현상 속의 사람에게 이해되고 인정받거나 칭찬받는 일로, 어쩔 수 없는 하찮은 것이다. 진정으로 자신답게 살아가고자 한다면 현상 속의 사람들로부터 '적'으로 여겨지는 정도가 좋다.

만약 현상 밖에 목표를 설정하고 그것을 달성하기 위한 행동이 결국은 상이나 훈장을 받는 결과가 되었다면 '나답지 않다.'고 반성해 보자.

기 대

미래의 일을 예상하고 무언가 실현하리라는 희망을
품으면서 기다리는 것. 믿고 은근히 기다리는 것.
기대의 정도가 크면 기분이 고조된다, 가슴이 두근
거린다 등 신체적 반응이 일어나는 경우도 있다.

장점투성이인 '기대'라는 감정

'기대'는 미래에 일어날 행복한 일을 예측할 때 생기는 감정이다. '맛있는 걸 먹게 될지도 몰라.', '좋아하는 그녀가 날 알아봐 줄지도 몰라.', '시합에서 이길지도 몰라.', '갖고 있는 주식이 오를지도 몰라.' 등등 이렇게 생각할 때 사람은 기대를 한다.

'기대'라는 감정에는 어떤 문제도 없다. 오히려 장점투성이이다. 기대할 때 뇌내에는 도파민이 분비되고, 그 다음 세로토닌도 분비된다. 그래서 즐겁고 행복한 기분을 느끼는 것이 가능한 것이다.

기대한 대로 되지 않아도 '행운'이라 여긴다

'기대'에 대해서 단 한 가지 주의하지 않으면 안 되는 것은 기대한 대로 되지 않더라도 실망하거나 화내지 말아야 한다는 것이다. 기대는 불확실한 미래에 대한 감정이므로 되는 것도 있고 안 되는 것도 있다. 그러나 빗나가더라도 항상 '행운'이라고 생각하자.

오늘 맛있는 것을 먹지 못했더라도, 좋아하는 상대가 알아봐 주지 못했더라도 내일은 그것이 이루어질지도 모른다. 이번 시합에서 졌더라도 다음 시합에서는 반드시 이길지도 모르고, 오늘 떨어진 주가는 내일 오를지도 모르는 것이다. 기대했던 일이 현 시점에서 실현되지 않더라도 포기하지만 않는다면 기회는 얼마든지 찾아올 가능성은 있다.

기대한 대로 된다면 행운이겠지만 사실 기대한 만큼 되지 않는 것도 행운이다. 그만큼 기대할 수 있는 시간이 늘어나기 때문이다.

'기대'라는 감정을 인생의 든든한 지원자로 만드는 방법

기대하는 것은 항상 미래에 희망을 품는 것

'현 시점에서 실현될 가능성이 제로'인 것에 기대해도 문제없다. 예를 들면, '미국 대통령이 되고 싶다.'고 생각하는 경우다. 주변 사람들이 "현재의 미국 헌법에서는 태어날 때부터 미국시민 외에 대통령으로 될 수 없어."라고 지적해도 신경 쓸 필요는 없다. '괜찮아, 언젠가 법이 바뀔지도 모르니까.' 하고 생각하면 된다. 꿈이나 기대를 타인이 왈가왈부할 이유는 없다. '기대'는 항상 미래에 대한 희망을 품는 것으로, 현상 밖을 보는 것도 있는 것이다.

과한 기대는 하면 할수록 좋다

'안 되도 행운'이라고 받아들일 수만 있다면 과도한 기대는 하면 할수록 좋다. 과도한 기대를 하는 것은 '현상 밖에 목표를 설정'하는 것과 같기 때문이다. 현상 안의 목표에서는 달성해도 크게 기쁨을 느끼지 못하지만 현상 밖의 목표를 달성한다면 예상 밖의 즐거움과 기쁨을 얻을 수 있을 것이다. 또, 현상 밖의 목표를 설정하려고 생각하면 뇌가 활발하게 움직인다. 뇌가 움직이면 움직일수록 도파민과 세로토닌이 분비되어 한층 더 즐겁고 행복한 기분을 느낄 수 있다.

동정

타인의 슬픔이나 고통, 불행 등을 자신의 일처럼 느끼고 상대를 감싸 주는 것. 동정의 정도가 크면 슬픔과 고통이 당사자와 같게 되어 가슴이 아프다, 눈물이 난다, 흥분된다 등 신체적 반응이 일어나는 경우도 있다.

'동정'은 상대에 대한 공감으로 생기는 감정

동정은 '슬프다', '괴롭다' 등 부정적인 감정을 느끼는 상대에게 공감한 결과로 생겨나는 감정이다.

'연민'과 '동정'은 혼동되기 쉬운데, '연민'은 공감을 동반한 감정이 아니어서 '내가 상대보다 나은 상태에 있다.'는 감정이 포함되어 있다. 따라서 둘은 전혀 다른 감정인 것이다.

입으로는 "가엾어라.", "힘들지?"라고 말해도 동정하는 쪽이 동정 받는 쪽에게 공감하고 함께 슬퍼하거나 괴로워하지 않는다면 동정이 아니다. 단지 '연민'이다.

'공감'에 필요한 것은 가상 공간의 공유

'동정'에 대해 알기 위해서는 '공감이란 무엇인지'를 알아둘 필요가 있다. 사람이 누군가에게 공감할 때 두 사람은 같은 호메오스타시스 공간, 그것도 물리 공간보다 추상도가 높은 정보 공간·가상 공간을 공유하고 있다. 경험과 생각, 문화 등의 정보를 공유하기 때문에 상대와 같은 감정이 자신의 마음속에서도 생겨나는 것이다.

누군가에게 공감하는 데 반드시 물리 공간을 공유할 필요는 없다. 사람은 만난 적도 없는 사람에게 공감할 수 있기 때문이다. 단, '같은 집에서 산다.', '같은 회사에서 일한다.' 등 물리적인 공간을 공유하고 있다면 가정 내, 회사의 문화와 사건과 같은 정보를 공유할 수 있기에 결과적으로 공감하기가 쉽다.

사람이 누군가에게 공감할 때 뇌내에서는 감정이입세포인 '거울 뉴런(Mirror Neuron)'이 작동하고 있다고 생각할 수 있다.

아직 충분히 해명되었다고는 말하기 어렵지만 '거울 뉴런'은 영장류와 조류 등의 뇌내에 존재하는 신경세포로, 다른 개체가 어떤 행동을 보았을 때 자신이 같은 행동을 했을 때와 똑같이 반응한다는 것이다.

영화와 연극을 보고 등장인물에 감정이입을 한다, 스포츠 중계를 보고 긴장을 한다, 다른 사람이 웃는 것을 보고 자기도 즐거운 기분이 된다 등 다른 사람의 행동이나 경험을 마치 자신에게 일어난 것처럼 사실적으로 느낄 수 있는 것은 이 때문이다.

또, 거울 뉴런은 타인의 행동 패턴을 뇌에 흡수하려는 기능이 있어서 흉내와 모방을 하는 데도 큰 역할을 한다고 알려져 있다.

인류는 '공감'을 통해 진화하면서 살아남았다

인간이 종족으로서 진화해 존속할 수 있었던 것은 공감하는 능력이 있었기 때문이다. 만약 '공감'이 없었다면 사람이 힘을 모아 일에 몰두하거나 다양한 기술을 계승하는 일은 불가능했을 것이다.

물론 인간 이외의 동물에게도 어느 정도의 공감 능력은 있다. 무리를 이루고 서로를 지켜 주며 힘을 합쳐 먹잇감을 사냥하는 것은 '다가올 위험에 대비하자.', '오늘 먹을 식량을 구하자.'고 하는 미래에 대한 어떤 상황을 공통 인식으로 갖고 있기 때문이다.

다만 고도로 정보화된 공간을 공유하기 위해서는 역시 전두전야가 발달한, 진화한 뇌가 필요하다. '인터넷·책·TV 등에서 안, 생면부지인 사람의 불행한 처지와 경험에 동정'하는 것은 오직 인간뿐인 것이다.

공감하고 동정하는 힘은 자유롭게 살아가는 힘

개인이 살아가는 데도 공감하는 능력이 중요

사람이 사회에서 살아가는 데도 공감할 수 있는 능력은 중요하다. 물론 그 방법이 보다 원활한 인간관계를 쌓기 쉽다는 장점이 있지만 이유는 다른 데도 있다. 타인에게 공감할 수 있다는 것은 공감할 가상 공간을 선택하고, 나아가 그 공간에 호메오스타시스를 구축해 현장감을 갖는 것이 가능한 일이다. 예를 들어, 소중한 사람을 잃고 슬퍼하고 있는 A씨에게 공감하고 동정하려면 '소중한 사람을 잃은 A씨의 경험과 생각'이라는 가상 공간을 선택하고, 거기에 현장감을 갖는 것이 필요하다. 영화와 TV의 스포츠 중계에 현장감을 갖는 것이 불가능하다면 등장인물과 선수에게 공감하는 것도 불가능할 것이다.

그리고 그 능력은 현상 밖에 설정한 목표 달성을 위해서도 필요하다. '현상 밖의 목표'라는 가상 공간을 현장감을 가지고 이미지화하는 것이 될 때 비로소 목표 달성을 향한 구체적인 아이디어가 생기기 때문이다.

또, 공감할 가상 공간을 선택한 시간과 호메오스타시스를 구축하기까지의 시간은 짧으면 짧을수록 좋다. 일에 집중했는가 하면 바로 머리를 전환시켜 취미에 집중하는 등 여러 개의 목표를 동시에 달성하기 쉬워지기 때문이다.

타인을 동정할 수 있는 것은 훌륭한 일

공감하는 능력은 인류에게 다양한 혜택을 가져왔다. 예를 들어, 수학과 물리가 발달한 것도 수학자나 물리학자 등이 그 세계에 강한 현장감을 가졌기에 가능했던 것이다. 다만 규칙을 모르는 스포츠 중계를 보면 전혀 이해가 되지 않아 현장감을 갖지 못하듯이 수학과 물리 등 고도의 추상적인 가상 공간에 현장감을 가지려면 기초가 되는 지식, 교양이 필요하다. 따라서 본래 대학에서는 그래서 교육을 해야 하는 것이다.

또 이러한 지식, 교양을 '리버럴 아츠(Liberal Arts)', 즉 '사람을 자유롭게 하는 학문'이라 말하는데, 고대 그리스와 로마에서는 노예가 아닌 자유인으로 살아가기 위해 필요한 것이라고 여겼다.

'동정'이라는 감정을 가지는 것은 훌륭한 일이다. 그것은 타인에게 공감할 수 있다고 하는 것이고, 가상 공간에 현장감을 갖는다는 것이며, 그 때문에 필요한 교양이 몸에 배고, 그리고 자유롭게 살아갈 수 있는 것이기 때문이다.

감동

아름다운 것, 멋진 것 등을 접하고 강한 인상이나 깊은 감명을 받아 마음을 빼앗기거나 동요되거나 하는 것. 감동의 정도가 크면 기분이 고조된다, 가슴이 먹먹하다, 눈물이 난다 등 신체적 반응이 일어나는 경우도 있다.

'감동'도 상대에게 공감한 결과 생긴다

'감동'도 '동정'과 마찬가지로 타인과 가상 공간을 공유하고 그 공간에 현장감을 가진 결과로 생기는 감정이다. 공감한 상대가 부정적인 감정을 품고 있으면 '동정'이, 긍정적인 감정을 품고 있으면 '감동'이 생긴다.

당연한 말이지만 감동에도 거울 뉴런이 어느 정도 관련되어 있다고 할 수 있다. 실존하는 주변의 사람이며, 영화나 연극의 등장인물인 타인과 자신을 동일시해 타인의 몸에 일어난 감동적인 사건이나 기쁜 경험을 자신의 일처럼 느낄 수 있기에 인간은 '감동'이라는 강한 감정을 가질 수 있는 것이다.

'감동'은 인간 특유의 감정

'감동'도 인류가 사회를 만드는 데 필요한 감정이면서 인간만이 느끼는 감정이라고 할 수 있다.

가 본 적도 없는 그런 장소에서 열리는, 자신이 해 본 적도 없는 스포츠 경기에서 실제로 만난 적도 없는 선수가 역전승하는 것을 영상으로 보고도 감동이 가능한 것은 역시 인간뿐이다.

따라서, 만약 감동하는 순간이 온다면 우선, '나는 인간답다.'고 생각해 보도록 하자.

상대가 나와 가까운 사이일수록 감동은 커진다

감동의 크기는 여러 가지 조건에 의해서 좌우된다. 먼저 상대가 자신에게 가까운 존재일수록 공유하는 정보가 많기 때문에 자신과 상대를 동일시하기 훨씬 수월해지고 감동도 커지기 마련이다.

대개 사람은 로봇보다는 동물, 다른 동물보다는 인간에게 공감하고 감정이입하는 경우가 많다. 또 외국인이 경험한 감동적인 일보다 같은 나라 사람이 경험한 감동적인 일이 보다 강하게 마음이 움직인다. 국제 경기에서 외국 선수보다 자국의 선수가 이겼을 때 큰 감동을 느끼는 것은 바로 이 때문이다.

감동의 크기는 현장감의 강함에도 좌우된다

감동의 크기는 그 정보 공간에 대해 현장감을 얼마나 강하게 가질 수 있느냐에 의해서도 좌우된다.

예를 들면, 야구 시합이 있다면 영상으로 보기보다는 실제로 경기장에 가서 관전하는 쪽이 감동은 클 것이다. 정보량이 압도적으로 많고 강한 현장감을 느낄 수 있기 때문이다.

또 '야구'에 대한 현장감을 가진 사람이 아니라면 야구를 보고 감동할 수 없다. 야구를 하는 사람, 과거에 야구를 한 경험이 있는 사람이라면 다른 사람의 시합을 보고 있을 때라도 마치 자신이 경기를 하는 것처럼 현장감을 갖게 될 것이다. 또 야구를 했던 경험이 없어도 축구 등 다른 스포츠를 한 경험이 있는 사람과 야구에 대해 조금이라도 흥미나 관심을 가지고 있는 사람, 야구의 규칙을 조금은 알고 있는 사람이라면 역시 현장감을 가질 수 있다.

그러나 야구에 대해 전혀 흥미가 없고 규칙도 모르는 사람이 야구에 대해 현장감을 갖는 것은 곤란하다. 국제 경기에서 자국의 팀이 아무리 극적인 역전승을 거둔다 해도 감동은커녕 무슨 일이 일어났는지조차 이해하지 못할지도 모른다.

'감동'을 느낄 때 주의해야 할 것

1 사람은 감동을 느끼기 쉬운 것에 세뇌되기 쉽다

감동을 느끼기 쉬운 것, 즉 현장감을 갖기 쉬운 것은 다소 위험하기도 하다. 사람은 현장감을 갖기 쉬운 것에 세뇌되기 쉽기 때문이다.

예를 들면, 제2차 세계대전 후 연합군총사령부(GHQ)는 일본을 지배할 때 '3S 정책'을 도입했다고 알려져 있다. '3S'란, '스포츠, 스크린, 섹스'로, '3S 정책'은 이들 오락을 이용해서 대중의 관심을 정치로부터 멀어지게 하려는 우민정책을 말한다.

그것이 정말인지 아닌지는 알 수 없지만 어떻든 일본인의 대부분은 어릴 때부터 영상과 스포츠를 자주 접해 익숙해지다 보니, 이 두 가지에 대한 현장감을 갖기 쉽고 공감과 감동을 쉽게 느끼는 경향이 있다. 이 두 가지가 결합된 스포츠 중계의 시청률이 높은 것도 당연하다고 할 수 있다.

올림픽을 시작으로 스포츠 국제대회의 개최지와 방영권을 둘러싸고 치열한 경쟁이 벌어질 수 있는 것도 그 이유다. 스포츠 중계를 좋아하는 사람은 영상과 스포츠의 현장감을 갖기 쉬운 사람이므로 중계하는 사이사이의 광고에도 공감되어 세뇌되기 쉽다. 보다 높은 시청률이 예상되는 시간에 경기를 방송할 수 있다면 더 많은 소비를 촉진할 수 있게 되는 것이다.

2 사람은 누구나 어떤 세뇌를 받고 있다

이쯤에서 주의할 것은 현장감을 갖기 쉬운 사람, 감동하기 쉬운 사람만이 세뇌되기 쉬운 것은 아니라는 것이다. 사람은 반드시 무언가의 정보 공간에 대해서 현장감을 갖는다. 실제로 본 것 이외는 그다지 현장감을 가지지 않는 사람, 문자를 읽는 정보에 강한 현장감을 갖는 사람, 영상으로 본 것에 강한 현장감을 갖는 사람 등 제각각 다를지라도 현장감을 전혀 갖지 않는 사람은 없다. 현장감을 갖지 않으면 사회에서 살아가기 힘들기 때문이다.

그리고 사람은 현장감을 가진 정보 공간에서 반드시 무언가의 세뇌를 받는다. 문자 정보에 현장감을 갖기 쉬운 사람은 잡지나 서적 등의 미디어로, 영상 정보에서 현장감을 갖기 쉬운 사람은 TV와 영화 등의 미디어에 세뇌되기 쉬운 사람이라고 말할 수 있다.

이미 앞서 말했듯이 '감동'은 인류에게 필요한 감정이며, 인류 특유의 감정이기도 하다. 그렇기에 감동하는 것 자체를 부정할 수는 없으나 만일 무엇인가에 감동을 느꼈을 때는 '나는 이 미디어에 세뇌당하기 쉬운 사람'이라고 생각하자.

친근감

자신과 비슷한 처지 또는 상태의 다른 사람 등에
대해서 갖는 친밀함과 친근감, 마음놓을 수 있다
고 느껴지는 인상.

'친근감'은 타인과 가상 공간을 공유하면서 생기는 감정이다. '친근감'은 '공감'과 비슷하다고 말할 수도 있다. 동물은 물리 공간을 공유한 상대에게 친근감을 가지기 쉬운 경향이 있는데, 인간도 다르지 않다. 타인보다는 가족에게, 다른 회사의 사원보다는 같은 회사의 동료에게 보다 친근감을 느낄 것이다. 그러나 실제로 만난 적이 없고, 메일이나 SNS 상에서 교류(정보 공간을 공유한)만 한 상대에게도 친근감을 가질 수 있는 것은 전두전야가 발달한 인간뿐이다.

누군가와 가상 공간을 공유하고 친근감을 가지는 것 자체는 문제가 없다. 상대와 공유한 공간은 그 사람에게 안심하고 편안할 수 있는 '컴포트 존'이 되기 때문이다. 그러나 최근, 이런 컴포트 존을 갖는 것조차 점차 어려워지고 있다.

예전의 우리 사회를 지탱해 오던 지역 공동체는 친근감으로 맺어졌다고 할 수 있다. 학교나 회사에 소속되지 않은 사람이나 노인들에게 있어서는 지역 모임이 컴포트 존이 되었던 것이다. 그런데 도시화의 진전 등에 반하여 현재는 옛날에 비해 지역 공동체가 그다지 활성화하지 못하고 있다. 그 대신 생겨난 것이 신흥종교와 다단계 사업이다. 신흥종교는 그럴듯한 교리를 내걸고 있는데, 실은 그것으로 신자를 지배하고 있는 것은 아니다. 교주와 다른 신자에 대해서 친근감을 갖게 하는 것으로 신자를 늘리고 통제하고 있는 것이다.

친근감을 이용한 세뇌로부터 자신을 지키는 방법

하이퍼 라포르로 생기는 지나친 친근감

'하이퍼 라포르(Hyper Rapport) 현상'이란, 자신이 현장감을 가지는 공간을 타인과 공유하고, 나아가 그 공간을 컨트롤하는 상대에 대해서 강한 친근감을 품는 것을 말한다. 은행 강도범이나 유괴범의 인질이 된 사람이 오랜 시간 범인과 함께 지낸 결과 범인에 대해 친근함을 가지게 되어 버리는, 소위 '스톡홀름 증후군(Stockholm Syndrome)'은 하이퍼 라포르 현상의 알기 쉬운 예이다. 인질은 생명의 위험에 처해 있기 때문에 공간의 현장감이 높고 범인에 대한 친근감도 강해져 버린다.

현장감 공간을 잘 음미한다

친근감을 이용한 지배나 세뇌로부터 자신을 지키기 위해서는 우선 어느 공간에 현장감을 가질지 정확히 선택하는 것이다. 자신이 설정한 목표를 달성하는 데 필요한 공간만을 선택하도록 한다.

세뇌당할 위험성이 높기 때문에 타인이 지배하고 있는 현장감의 공간으로부터 더러는 빠져나오도록 해야 한다. 또, 사이비 종교에서 교주가 살아 있는 경우는 공유하는 공간의 현장감이 높아지기 쉽고, 특히 하이퍼 라포르 현상이 일어나기 쉽다고 할 수 있다.

냉 정

감정적으로 되거나 허둥대지 않고 차분한 모습.
사람은 냉정한 상태일 때 내재되어 있는 지성을
발휘하고 올바른 판단을 내리는 것이 가능하다.

냉정하게

냉정하게

▮▮▮▮▮▮▮▮ '냉정'은 사람에게 있어서 '보통'의 상태

'냉정'은 특별한 감정이 아니다. 인간에게 있어서 냉정한 상태에 있을 때야말로 '보통'의 상태이기 때문이다.

익숙한 공간에 있을 때와 익숙한 일을 할 때, 결국 컴포트 존에 있을 때 사람은 기본적으로 냉정한 것이다.

아나운서나 연예인이 TV에 출연할 때마다 냉정함을 잃거나 스포츠 선수가 시합 때마다 냉정함을 잃는다면 일이 되지 않는다.

냉정할 때 뇌내에는 도파민과 세로토닌이 정상적으로 분비되고 전두전야가 활발하게 활동한다. 그 때문에 논리적으로 생각하고 올바른 판단을 내리는 것이 가능한 것이다.

▮▮▮▮▮▮▮▮ 냉정하게는 있을 수 없는 '파이트 오어 플라이트'

그러나 살다 보면 냉정하게 있을 수 없는 상황도 찾아온다. 예를 들면 「공포」, 「긴장」의 항목에서 소개한 '파이트 오어 플라이트'의 상태가 여기에 해당된다.

'산행을 하는데 멧돼지가 돌진해 와' 생명의 위험을 느꼈을 때, 사람은 살아남기 위하여 멧돼지와 싸우든지, 아니면 일단 도망가든지 어느 쪽을 선택하지 않으면 안 된다.

이때 필요로 하는 것은 냉정함이 아닌 직감과 본능에 의한 판단이다. 멧돼지의 달려오는 속도를 계산해서 '어느 쪽이 더 안전할지'

를 생각할 여유는 없기 때문이다. 만약 잘못된 판단을 하게 되더라도 이때만큼은 대뇌변연계가 우위가 되어 전두전야의 기능이 억제된 것이다.

||||||||||| '냉정하지 않은' 상태도 인간에게는 필요하다

다소 예외는 있지만 인류의 오랜 진화의 과정에서 필요 없는 감정은 기본적으로 도태되어 가고 있을 것이다.

그렇게 생각하면 인간에게 아직까지 '냉정하지 않은' 상태, 즉 대뇌변연계가 우위가 되어 전두전야의 기능이 억제되는 메커니즘이 남아 있는 것은 '파이트 오어 플라이트'처럼 그것이 필요한 면이 있기 때문이라고 할 수 있겠다.

그러므로 어떤 위기에 직면해 논리가 아닌 본능이나 직감으로 판단을 내려 버렸더라도 나중에 '그때 나는 냉정하지 못했다.'고 후회하는 일은 없다. 그것은 '냉정할 수 없는 상황', '냉정하지 않아도 되는 상황'이었을 뿐인 것이다.

단, 냉정하게 있을 수 없는 위기의 상황은 그리 자주 일어나는 것은 아니다. 아무리 많아도 한 달에 한 번 정도일 것이다.

냉정하게 있을 수 없는 일이 많다면 목표의 재검토를

만일 일상 속에서 자주 냉정할 수 없는 상황이 일어난다면 자신이 현재 존재하는 장소와 목표 설정을 다시 한번 검토하는 것이 좋다.

앞서 설명한 대로 컴포트 존에 있는 동안은 보통 냉정한 상태로, 냉정할 수 없는 상황은 좀처럼 찾을 수 없다.

목표 설정이 바르고 사랑하는 가족과 친한 친구에게 둘러싸여 자신에게 맞는 일을 즐겁게 하고 있다면 그 생활은 진정한 컴포트 존일 것이다.

냉정하게 있을 수 없는 위기의 상황이 자주 일어나는 것은 지금의 생활이 컴포트 존이 아니라는 것이며, 목표 설정이 올바르지 않다는 것이다. 그런 때는 목표 설정을 재검토해 본다.

냉정을 유지하는 법, 되찾는 법

불교의 '수행법'에 답이 있다

인간에게 '냉정하지 않은' 상태가 감정으로 남아 있는 것은 그것이 필요해서이기도 하다고 설명했지만, 그 상황에도 훈련으로 무슨 일이 일어나도 냉정함을 유지하는 사람도 있다. 그 사람들은 어느새 '냉정하지 않은' 상태가 필요 없는 '진화한 인류'라고 할 수 있다.

그렇다면 도대체 어떤 훈련을 받으면 항상 냉정함을 유지할 수 있는 것일까?

그 답은 불교의 가르침 속에 있다. 대다수의 사람들은 불교를 '종교'라고 생각하지만 그것은 큰 잘못이다. 불교를 종교화한 것은 석가의 제자들일 뿐, 석가의 가르침은 이 세상에서 냉정함을 유지하는 방법,

즉 뇌와 마음의 수행법이다.

많은 사람이 훈련에 의해서 '진화한 인류'가 되면 감정에 지배당하지 않고 세상의 모든 전쟁이나 분쟁, 차별 등은 없어질 것이다.

'지관'으로 '냉정해 있는' 능력을 기른다

불교에서 가르치는 방법 중에서도 냉정함을 유지하는 데 특히 유효한 것이 「질투」의 항목에서도 언급한 '지관(止觀)'이다.

사람을 '냉정하지 않은' 상태로 만드는 것은 자기 혼자만의 욕심인 아욕(我欲)과 번뇌, 즉 필요 없는 감정이다. 살고 싶다·이기고 싶다·인정받고 싶다·갖고 싶다 등의 욕망과 슬픔, 분노, 공포, 불만, 불안 등의 감정이 지나치게 강하면 사람은 그것들에 휘둘리게 되고 냉정하게 있을 수 없게 된다.

'지관'은 문자 그대로 '멈춰서 본다.'는 것인데, 그중 '멈춘다(止)'는

것'은 아욕과 번뇌다. 아욕이나 번뇌를 완전히 없앨 수는 없더라도 마음을 가라앉히고 그것들을 우선 방치한다. 그리고 자신과 자신이 품고 있는 번뇌, 과제 등을 추상도가 하나 높은 시점에서 '본다(觀)'. 이것이 '지관'이다.

예를 들어, 업무상 문제가 발생했다면 '상사나 거래처에게 질책을 받게 될지도', '지금의 위치가 위태로워질지도'라는 아욕과 번뇌를 일단 뒤로 미루고 전두전야를 작동시켜 그 문제가 어디에 어떻게 영향을 줄지, 장기적으로 큰 문제가 되는 것인지, 거래처나 다른 관계자는 지금의 상황을 어떻게 받아들이는지 등을 객관적으로 생각한다. 그러면 냉정하지 않을 때는 얻기 힘든 차분한 심경이 찾아올 것이다. 항상 이러한 프로세스를 밟는 훈련을 해나가면 어떤 일이 일어나도 냉정함을 잃지 않고 대응할 수 있을 것이다.

흥분

자극을 받아 감정이 고조되어 정신 상태가 불안정해지는 상태. 흥분의 정도가 크면 혈압이 오른다, 맥박이 심하게 뛴다, 떨린다, 호흡이 얕고 빨라진다, 눈물이 난다 등 신체적 반응이 일어나는 경우도 있다.

← 도파민

쏴—

이야호~!!!

동물의 뇌에는 도파민 경로가 있다. 이 경로는 '보수계'라고 불리며, 어떤 행동을 일으키거나 식욕과 성욕 등이 충족될 때 뇌의 중추신경이 자극을 받아 기분 좋음과 기쁨을 느끼게 하는 신경전달물질인 도파민이 분비된다.

먹고 자는 것을 잊을 정도로 뭔가에 열중하거나 욕구가 강렬하게 채워지거나(도박에서 대박을 터트리는 등) 하면 도파민이 대량으로 분비되고 교감신경이 자극을 받아 '혈압이 올라간다.', '맥박이 격렬해진다.', '호흡이 빨라진다.' 등 신체적 반응이 나타나게 된다.

또, 도파민은 노르아드레날린의 작용에 필요한 재료가 되는 전구물질(前驅物質)이기도 하다. 쫓기듯 '파이트 오어 플라이트' 상태에 빠지거나 심하게 화를 내거나 하면 도파민과 거의 같은 타이밍에서 노르아드레날린이 분비되어 역시 교감신경이 활성화된다.

'흥분'이란, 이처럼 무언가의 강한 자극에 의해 도파민과 노르아드레날린이 대량으로 분비된 상태를 말한다.

전두전야가 발달한 인간은 시간이나 공간을 넘어선 추론이 가능하다. 바로 눈앞에서 일어나는 일과 곧 일어날 것이라고 예측되는 일('이제 곧 먹이를 줄지도 모른다.'고 하는 것처럼)에 대해서만 흥분하는 동물과 달리 인간만은 '내일부터 남쪽 섬에서 바캉스를 즐길 수 있다.', '1시간 후의 시험 결과에 따라 내 인생이 크게 좌우될 것'이라는 식으로 앞으로 일어날 일과 '파이트 오어 플라이트'의 상태를 상상해 흥분하는 것이 가능하다.

타인의 행동으로 흥분될 수 있는 것도 인간뿐

거울 뉴런의 기능과 '공감할 수 있는 능력'에 따라 인간은 자신 이외의 사람의 행동을 보고 흥분하는 것도 가능하다. '다른 사람의 스포츠 경기를 보고 자신이 경기를 하듯 흥분한다.', '영화를 보고 등장인물에 감정이입되어 흥분한다.'는 것은 다른 동물에게는 불가능한 것이다.

그리고 사람이 경기의 결과나 영화의 줄거리를 아는 것만으로는 만족할 수 없어 일부러 경기장에 가서 직접 경기를 관전하고, 영화관에서 영화를 보는 것은 '흥분'하기 위해서다. 흥분하면 도파민이 분비되어 쾌감과 행복감을 얻을 수 있다.

또, 흥분의 정도는 현장감이 높으면 높을수록 크게 된다. 스포츠 중계라면 영상으로 보는 것보다 경기장에서 보는 쪽이, 그리고 먼 곳에서보다 가까운 곳에서 보는 쪽이 흥분도는 보다 높게 된다.

쓰나미 피해 영상을 본 사람이
외상 후 스트레스 장애(PTSD)를 겪게 된 이유

'머릿속에서 다른 사람의 체험을 마치 자신의 체험처럼 인식할 수 있다.'는 인간의 특징이 때로는 부정적인 영향을 끼칠 수 있다.

2011년 3월 동일본 대지진 발생 때, 쓰나미에 휩쓸리는 집과 자동차의 영상을 보고 외상 후 스트레스 장애(PTSD)를 겪게 된 사람이 일본 전역에 많다. 너무나도 현장감이 강한 영상을 보았기 때문에 마치 자신이 사는 마을이 쓰나미 피해를 입고 자기네 집이 떠내려간 것처럼 느껴 버린 것이다.

현장감이 높으면 높을수록 큰 것은 흥분의 정도만이 아니다. 충격도 또한 크게 된다. 그러므로 자극이 강한 영상 등을 볼 때는 주의할 필요가 있다.

'흥분'이라는 감정 다루기

흥분 상태가 지속되면 IQ가 떨어진다

흥분하는 것은 결코 나쁜 것이 아니다. 도파민에는 의욕과 행동력을 높이는 기능이 있다. 즉, 흥분해 도파민의 분비를 촉진하는 것은 목표를 달성하는 데 도움이 될 것이다.

단, 한번 흥분 상태가 일어나면 편도체에 의해 감정이 증폭되고, 흥분은 점점 상승하게 된다. 그와 동시에 전두전야의 기능이 억제되어 IQ가 떨어지게 된다.

예컨대, 장래에 일어날 일을 예상하고 흥분하거나 스포츠 경기를 보면서 선수에게 자신을 중첩시켜 흥분했을 때 전두전야는 활발하게 움직인다. 단순히 눈앞의 물리 공간에서 일어나는 일에 흥분하는 것이 아니라 상상력과 사고력을 작용시키고 있기 때문이다.

그런데 흥분 정도가 강해지면 편도체를 포함한 대뇌변연계의 기능이 활성화하여 IQ가 내려가 논리적인 사고나 이성적인 판단이 불가능하게 된다. 경기가 점점 고조되면 중계 해설자가 흥분하게 되어 냉정한 해설을 할 수 없거나 팬끼리 서로 싸우게 되는 것은 바로 이 때문이다.

'흥분'을 제대로 즐기려면

'흥분'은 도파민의 분비를 촉진하는 소중하고도 훌륭한 감정이다. 결코 없앨 필요는 없으며 무리하게 억누를 필요도 없다. 일부러 스포츠 경기나 스릴 넘치는 영화를 본다면 냉정하게 전개를 분석하면서 감상하기보다 제대로 감정을 이입해서 두근두근 긴장하는 마음으로 감상하는 것이 훨씬 즐거울 것이다.

하지만 '흥분 상태가 계속되면 IQ가 떨어진다.'는 사실만은 확실히 인식해 둘 필요가 있다. 흥분한 나머지 법을 어기거나 타인에게 피해를 주지 않도록 각별히 신경을 쓴다.

우월감

어떤 경쟁 상황에서 다른 사람보다 높은 평가를 얻거나, 또는 '내가 다른 사람보다 뛰어나다.'고 느끼거나 했을 때 생기는 자기 긍정적인 감정이다.

'우월감'은 서열을 전제로 한 감정

우월감은 '어떤 서열의 존재' 및 '자신이 그 서열에 있어서 타인보다 한 단계 위에 있는 것'을 확신하고 그 일을 '기쁘다', '즐겁다', '기분 좋다', '자랑스럽다'고 느끼는 감정이다.

서열이나 서열의 위에 있는 것을 기뻐하는 마음은 개나 원숭이처럼 인간 이외의 동물에게도 보인다. 단지 동물의 경우는 대개 힘의 강함과 체구의 크기를 기준으로 서열이 정해지지만 인간의 서열지표는 '재력'과 '피부색' 등 고도로 정보화, 추상화되어 있다.

현대 사회에서는 인정하지 않는 '차별'이라는 우월감

우월감은 인류에게 있어서는 필요 없는, 가져서는 안 되는 감정 중 하나다.

'자신이 타인보다 위에 있는 것을 기뻐하는' 일은 '자신보다 아래인 사람을 얕보는 것'과 거의 같다. 즉, 우월감은 '자신보다 뒤처지는(그렇게 느끼는) 사람을 차별하는' 감정이라고도 할 수 있다.

그런데 현재 세계 여러 나라에서 차별은 법에 의해 금지되어 있다. 그 발단이 된 것은 1965년에 아메리카합중국의회에서 성립한, 투표 시 인종 차별을 금하는 '투표권법'이다. 이후 여러 나라에서 차별을 금지하는 헌법과 법률이 만들어졌다.

물론 법률이 만들어졌다고 사람들의 마음속에서 차별하는 감정이 완전히 사라졌다고는 할 수 없다. 그러나 적어도 약 50년 전부터 사회에서 '차별을 해서는 안 된다.', '우월감을 가져서는 안 된다.'고 널리 공개적으로 생각하게 된 것은 확실하다.

있어도 되는 서열과 있어서는 안 되는 서열

우월감은 자신이 서열 중 상위에 위치하는 것을 기뻐하는 감정으로, 서열의 존재 자체에는 어떤 문제도 없다. 세상에는 '서열'이 필요한 경우가 아직까지는 많다. 사회에 서열이 없다면 지휘 체계가 엉망이 되어 버리기 때문에 입사시험에서 성적이 상위권인 사람을 채용하는 것도 어쩔 수 없다. 군대에서도 마찬가지다. 서열이 없다면 조직적인 활동이 꼭 필요한 경우 상당히 위험한 상황에 빠지게 될 것이다.

다만, 서열에는 사회적으로 '있어도 되는 것'과 '있어서는 안되는 것'이 있다. 이것은 개인의 기호가 아닌 그 사회가 규정하는 것이다. 현대 사회에서 있어서는 안 되는 서열의 대표적인 예가 타고난 피부색에 따른 서열이다.

우월감의 무엇이 문제인 것인가

'직장에서 승진한다.', '시험에 합격한다.' 등 자신의 어떤 노력이 평가된 것, 노력이 실현된 것 자체는 얼마든지 기뻐해도 괜찮다.

문제는 '승진이 늦은 동기를 무시한다.', '시험에 떨어진 친구를 바보 취급한다.' 등 '타인보다 자신이 위'라고 생각하는 마음이다. 애초에 '타인과 비교'하는 행위를 멈추지 않는 한 사람은 우월감이나 열등감에 휘둘리게 된다.

우월감에 빠지지 않기 위해서는

1 절대적 가치 기준이란 없다

'우월감'은 21세기 인류에 어울리지 않는 감정이다. 만일 서열이 좀 위에 있다고 해서 기뻐하는 마음이나 우월감이 자신에게도 있다고 느끼다면 '나는 훌륭한 사람인데 우월감과 같은 동물적인 감정을 가지다니, 나답지 않다.'고 생각하도록 한다.

우월감을 갖지 않기 위해서는 '이 세상에는 절대적 가치 기준이란 없다.'는 것을 확실히 이해하는 것이 중요하다.

예컨대, 학교의 편차치는(등급) 수년간 크게 바뀌기도 하고, 원

이 자조차 절대적이지 않군.

래 등급이라는 개념조차 없던 시대도 있었다. 또 외국인에게 있어서는
다른 나라의 편차치는 아무런 의미도, 가치도 없다.

사회에 엄연히 존재하는 것처럼 보이는 가치 기준과 서열도 결국은
'지금 현재의 우리 사회'라는 한정된 작은 세계에서밖에 통용되지 않는
것이다. 그렇게 생각하면 서열에 휘둘려 매번 우월감이나 열등감을 갖
는 것은 매우 어리석은 생각이다.

2 타인과의 비교는 의미가 없음을 이해한다

우월감을 갖지 않으려면 '이 세상에는 많은 가치 기준이 있다.'는 것
을 이해하는 것도 중요하다.

학업 성적, 운동 능력, 예술적 감각, 외모, 소통 능력 등등 사회에는
사람을 평가하는 지표가 넘쳐나고 엄청난 수의 서열이 있다.

예를 들어, 어떤 사람이 시험으로 자기 반에서 1등을 하고 우월감을
느꼈다 해도 그것은 수많은 서열 중 단 하나를 얻은 것에 불과하다. 그

사람의 운동 능력은 반에서 최하위일지도 모르고, 전국에, 아니 전 세계에 눈을 돌리면 그 사람보다 훨씬 성적이 좋은 사람은 많을 것이다.

이처럼 생각하면 다른 사람과 비교한다는 행위가 얼마나 무의미한 것인지, 우월감을 갖는다는 것이 얼마나 하찮은 것인지 알 만하지 않을까?

3 '샤덴프로이데'는 질이 나쁘다

타인의 실패나 불행을 기뻐하는 마음(샤덴프로이데(Schadenfreude))도 우월감의 일종이다. 게다가 '샤덴프로이데'는 자신의 노력에 의한 것이 아닌 상대의 서열이 내려가는(또는 자신의 뇌에서 상대의 서열을 내리는) 것으로 우월감을 얻는 매우 질이 나쁜 감정이라고 할 수 있다.

타인의 실패나 불행을 보고 기뻐하는 것은 자기평가가 낮은 사람이다. 자기 자신과 자신의 능력에 자신이 없고, 타인의 평가가 '내려갈' 때만 상대적으로 자신이 '올라갔다'고 느끼는 것이다. 그러나 그것은 착각에 지나지 않는다. 노력으로 자신이 올라간 것이 아니기에 결국 언제까지나 자신이 없고 낮은 자기평가를 계속하게 된다.

또한 타인의 실패나 불행을 기뻐하는 것은 공감 능력이 낮은 사람, 즉 인류보다 동물에 가까운 사람이다.

자기평가가 높은 사람, 공감하는 능력이 높은 사람은 타인이 실패하거나 불행한 일을 당하면 상대에게 동정하고 자신도 실망한다. 예를 들면, 스포츠 경기에서 경쟁자가 실수를 해 자기편이 이겼다고 해도 결코 기뻐하지 않고 '상대의 실수로 이겨서 기쁘지 않다.', '이런 실수를 범하다니 그 선수답지 않네.', '안쓰럽다'고 생각할 것이다. 이것이야말로 진화한 제대로 된 인류의 참모습이라고 말할 수 있지 않을까?

존 경

인격과 식견, 경험 등이 뛰어난 사람을 존경한다고
느껴 우러러 받드는 것. 또는 타인의 행위와 업적
등을 훌륭하다고 인정해 그 사람을 존경하는 것.

'존경'이라는 감정 자체는 나쁘지 않다

'존경'이라는 감정은 결코 나쁜 것이 아니다. 누군가를 존경하는 마음을 갖는 것 자체는 아무런 문제도 없고, 피해도 없다고 말할 수 있다.

또한 누가 누구를 존경하건 기본적으로는 자유다. 세상 사람들이 '악인'이라고 하는 인물이나 범죄를 저지른 사람이라도 '멋지다', '훌륭하다'고 느낀다면 존경해도 상관없다.

하지만 그것은 어디까지나 자신의 눈으로 상대를 보고, 상대에 대해 제대로 알아봐서 잘 이해했을 때를 전제로 한다. 실제로 만난 적도 없는 사람, 잘 알지도 못하는 사람을 쉽게 존경해 버리는 것은 사실 매우 위험하다.

세상에 넘쳐나는 '무지로 인한 존경'

'존경하는 사람은 누구인가?'라는 질문에 대해 '테레사 수녀를 존경한다.', '사카모토 료마(坂本龍馬, 에도시대 무사로 일본 근대화를 이끈 인물)를 존경한다.'처럼 역사상의 인물 이름을 드는 사람이 적지 않다. 또 스포츠 선수나 미디어에서 자주 등장하는 유명한 예술인이나 연예인, 이름이 잘 알려진 기업가 등의 이름을 드는 사람도 많다.

그러나 그중 얼마나 많은 사람들이 거론한 인물의 '진정한 모습'

을 잘 알고 존경의 마음을 가질까? 아마도 대개는 전기문이나 평전, 미디어의 정보로 만들어진 이미지 등 2차 정보를 기본으로 잘 알지도 못하는 그 인물을 평가해 버릴 것이다.

세상에는 이러한 '무지로 인한 존경'이 넘쳐나고 있다.

존경할 만한 인물인지를 가려내는 것은 어렵다

물론 만난 적이 없는 상대라도 '사업에 실패해도 포기하지 않고 몇 번이고 시도하는 저런 경영자의 끈질긴 근성, 강인함을 존경한다.', '저 야구선수의 뛰어난 재능을 존경한다.'는 인격의 일부나 행동에 대해 존경심을 가지는 것이라면 문제는 없다.

그러나 기본적으로 '존경'이라는 말은 상대의 인격 전체를 아울러 사용되므로 2차 정보로 한 사람의 인간이 존경할 만한 인물인지 어떤지를 가려내는 것은 상당히 어려운 일이다. 아무리 위대한 업적을 거둔 인물이라도 실제로 주변의 평가는 제멋대로에다 신경질적이며 폐만 끼치는 사람일지도 모르는 것이다.

또 한두 번 만나서 '좋은 사람처럼 보였다.'고 해서 그 인물이 존경할 만한 인물이라고 확신하기는 어렵다. 사기꾼이나 나쁜 사람이 처음에는 좋은 사람처럼 행동할 수도 있기 때문이다.

존경심을 가져도 되는 상대는 가까운 사람뿐?

앞에서 언급했듯이 인격 전체를 존경하려는 생각이라면 실제로 만나 그 인물을 직접 보고 지금까지 말만 그럴싸한 것은 아닌지 철저하게 조사할 필요가 있다. 사실 이렇게까지 하지 않을 거라면 누군가를 존경한다거나 '존경'이라는 말을 사용해서는 안 되는 것이다.

그리 생각하면 존경심을 가져도 되는 경우는 부모나 형제, 학교 선생님이나 친구들, 직장 상사나 동료 등 일상에서 접할 기회가 많고 어느 정도 인격을 알고 있는 상대만 해당될지도 모른다.

'존경'이라는 감정 다루기

'존경'의 감정을 들여다보면 자신이 보인다

마음속에서 누군가를 존경한다면 그것이 무엇에 근거한 것인지 신중하고 객관적으로 관찰하고 음미해 본다. 만일 '소설에 감동받아 역사상의 한 인물을 존경하게 되었다.', 'TV에 나오는 인지도 높고 똑똑해 보이는 예술인을 존경한다.'는 경우는 주의가 필요하다.

소설도, TV도, 심지어 보도 방송이나 다큐멘터리까지 모두 픽션이며, 그것에 그려진 역사상의 인물이나 예술인의 이미지는 어차피 만들어진 것에 불과하다. 그것을 그대로 무작정 받아들이는 것은 '사회의 평가나 타인의 잣대를 전혀 의심하지 않고 받아들이는 것'으로, 이를 두고 사회나 미디어 등에 세뇌당하기 쉽다고 하는 것이다.

자신 안에 내재한 존경의 감정을 들여다보는 것은 스스로를 돌이켜보고 자신의 인생을 고민하는 데 큰 힌트를 얻을 수 있다. 또 알게 된 사람에게 '누구를 존경하는지', '왜 존경하는지'를 묻고 그 대답을 들어보면 상대가 어떤 사람인지를 판단하는 데 유용한 자료가 될 수 있다.

쉽게 사람을 존경하는 사람은 쉽게 사람을 경멸한다

타인의 잣대나 이미지에 좌우당하기 쉬운 사람, 세뇌당하기 쉬운 사람은 자기다운 인생을 걸을 수 없다. 사회가 제시하는 가치관에 얽매이고 휘둘려 '나에게 진짜 소중한 것이 무엇인지', '나에게 있어서 진정한 행복은 무엇인지'를 알지 못하기 때문이다.

또, 쉽게 타인을 존경하는 사람은 쉽게 타인을 경멸할 수 있는 사람이다. 예를 들면, '청결한 이미지 때문'이라는 이유만으로 TV에 자주 등장하는 A라는 예술인을 존경한다는 사람은 아마도 A의 불상사가 발각되면 손바닥을 뒤집듯이 쉽게 A를 경멸하고 공격하는 쪽으로 돌아설 것이다. 이런 사람은 미디어에서 조작하는 대로 본래 존경할 만한 사람이 아닌 사람을 존경하거나 존경해야 마땅한 사람을 경멸하기도 한다. 역사를 돌이켜보면 알 수 있듯이 이러한 무지로 인한 존경이나 경멸이 파시즘이나 인종 차별을 만들어 낸 것이다.

만약 존경심이 끓어오른다면 진중하게 음미부터 해 보자.

용기

공포나 불안, 망설임이라는 감정을 가지기 쉬운 일에 대해 두려워하지 않고 맞서나가는 적극적이며 용맹한, 강한 마음.

'용기'와 '용기 있는 행동'은 무엇인가

'용기'라는 말은 대개 긍정의 의미로 사용된다. '용기가 있다.'는 말을 듣고 언짢아하는 사람은 없을 것이다.

그러나 '용기'란, 구체적으로 어떤 감정을 말하는 것인지 정확하게 파악하는 사람은 과연 얼마나 될까?

예를 들어, 강에 빠진 아이를 발견한 A씨가 자신도 수영을 못하면서 강으로 뛰어들었을 때, 어쩌면 사람들은 그런 A씨의 행동에 대해 '용기가 있다.'고 평가할지도 모른다.

그런데 관점을 달리하면 A씨는 단순히 리스크를 계산하지 못한 사람, 또는 리스크 계산을 잘못한 사람이라고 할 수 있다. 운 좋게 둘 다 구조되면 다행이지만 A씨마저 물에 빠져 버린다면 결국 더 많은 사람에게 슬픔을 주는 결과가 되는 것이다. 그리 생각하면 냉정할 수도 있겠지만 A씨의 행동은 '용기 있는 행동'이 아닌 단순한 '무모한 행동'이라는 쪽이 맞을지도 모른다.

그렇다면, A씨가 수영에 자신 있는 사람이라면 어떨까? 현장 상황을 보고 '이 정도면 괜찮다.'고 확신한 후에 강에 뛰어들어 무사히 아이를 구조했다면, 이상적인 결말이겠지만 A씨의 행동에 대해 사람들은 '용기가 있다.'는 평가를 하게 될까? 아마도 이 경우, '좋은 일을 했다.', '옳은 일을 했다.'는 평가에 그칠 것이다.

어떤 목적 때문에 행동할 때 성공할 가능성과 리스크, 어느 쪽이 높은가? 그 둘의 균형에 따라 '용기'인지 아닌지를 결정하여 '용기'의 정도가 정해진다.

우선, 성공할 가능성보다도 리스크가 월등하게 높거나 또는 리스크 계산 자체를 전혀 하지 않고 행동을 했을 때이다. 그것은 이미 말했듯이 용기가 아닌 '무모한 행동'이라고 할 수밖에 없다. 반대로 리스크가 상당히 적고 '절대로 괜찮다.'고 하는 자신감을 갖고 행동한다면 그것은 자신이 할 수 있는 것을 제대로 파악하고 실행한 것에 불과해서 '용기 있는 행동'이라고 하지 않는다.

앞의 예에서 진정으로 '용기가 있다.'고 말할 수 있는 것은 'A씨는 수영에 자신이 있었지만 그때 마침 물의 흐름이 빨랐고 탁해서 헤엄치기가 무척 어려운 상태였다. 그래도 A씨는 아이를 구하려고 강에 뛰어들었다.'고 하는 때일 뿐이다. 즉, 목적을 달성될 가능성보다도 리스크가 조금이라도 높은 상태일 때 사람은 그것을 '용기', '용기 있는 행동'이라고 말한다.

'용기 있는 행동'을 할 때 인간은 뇌내보수를 받아들인다

'목적을 달성할 가능성보다 리스크가 조금 높은' 경우에도 정말로 '용기'라는 감정이 행동을 부추기는지는 의문이다. 뇌과학적으로 보면 리스크가 있는 것에 행동을 일으킬 때, 사람은 반드시 '뇌내보수'를 받아들이고 있기 때문이다.

예를 들면, 분쟁지대 등 위험에 노출된 장소에 자원봉사에 지원하는 것은 '용기 있는 행동'이라고 말할지도 모른다. 그러나 그 같은 때, 뇌 내에는 대개 도파민과 세로토닌이 분비되고, 본인은 '나는 훌륭한 일을 하고 있다.'는 만족감을 얻고 있다.

즉, 사람이 '용기 있는 행동'을 하는 것은 본인에게 뇌내보수가 리스크를 넘어섰을 때라고도 말할 수 있다.

리스크를 무시한 행동을 하는 사람은 세뇌되고 있다

'자신도 헤엄치지 못하면서 아이를 도와주려고 강에 뛰어든다.'는 것처럼 리스크가 월등히 높은데도 무모한 행동을 하는 경우에는 뇌에 도파민과 세로토닌이 과다 분비될 가능성이 높다.

그리고 그 같은 상태에 빠지지 쉬운 사람은 대개 어떤 종교에 세뇌당해 도파민이 대량으로 나오도록 훈련된 것인지도 모른다. '종교'를 위해 자폭 테러를 하는 사람과 순사(殉死)하는 사람은 물론, 회사를 위해 리스크가 높은 것에 도전하는 직원은 '회사교'라는 종교, 개그맨이 되기 위해 몸을 사리지 않는 예능인은 '예능교'에, 수차례 위험한 상황을 겪었음에도 전쟁터나 위험한 장소로 취재를 떠나는 저널리스트는 '저널리스트교'에, 돈을 위해서라면 물불을 가리지 않는 사람은 '자본주의교'에 세뇌되어 있다고 말할 수 있다.

'용기'라는 감정 다루기

'용기'라는 단어의 이미지에 현혹되지 않는다

'용기'는 개념으로는 존재하지만 실제로는 단순히 뇌내보수가 리스크를 넘어선 현상일 뿐이다.

즉, '용기'라는 감정은 존재하지 않고, '용기를 낸다.'는 것은 특별히 대단한 일도, 아무것도 아니다. 부디 '용기'라는 단어의 이미지에 현혹되지 않길 바란다. 실제로는 뇌내보수가 분비된 것뿐인데, '나는 용기가 있다.'며 자아도취에 빠지거나 '당신은 용기가 있다.'라며 치켜세워 줘 돌발적인 행동을 한다면 돌이킬 수 없는 결과를 얻을 수밖에 없다.

스스로 '용기를 내려고 한다.'고 느낄 때는 우선 리스크를 과대평가 또는 과소평가하고 있지 않은지 분명히 생각해 본다. 리스크 계산이 냉정하게 이루어지지 않은 상태에서 돌발적으로 행동하는 것은 위험하다.

리스크가 현저히 높은 것에 '용기를 내야겠다.'고 판단할 때는 뭔가의 가치관에 세뇌되고 있지 않은지 다시 한번 자신을 돌아보자. 나아가 리스크를 대신해 얻어지는 것이 무엇인지, 정말로 자신에게 가치가 있는 것인지 어떤지 다시금 생각해 봐야 한다.

뇌내보수는 결국 뇌내보수일 뿐, 생명과 바꿀 정도의 가치는 아닌 것이다.

감정은 다종다양(多種多樣)하다. 이 책에서 소개한 감정 이외에도 우리들이 익히 들어본 감정은 많다. 같은 감정이라도 명칭만 다르거나 다양한 감정의 총칭이거나 하는 경우도 있다. 여기에서는 미처 소개하지 못한 감정을 간단히 설명한다.

죄책감

'죄(罪)'와 '악(惡)'은 별개다. '죄'는 법이 정하지만 '악'은 법으로는 처벌하지 못한다. 어떤 것을 콕 집어 '죄악'이라고 하는지는 사람마다 나라마다 달라 결국 '죄악'을 결정하는 것은 자신뿐이다.

죄악의 단계는 개인의 빌리프 시스템에 따라 결정된다. 매우 견

고한 신념에 의해서 '그것을 넘어서는 행동을 해서는 안 된다.'고 제어 장치를 걸어 놓기 때문에, 인간은 자신이 정말로 '죄악'이라고 생각하고 있는 일은 하지 않는다. 즉, 죄책감을 가지는 것은 본질적으로는 있을 수 없는 것이다. 스스로가 결정한 죄악의 라인을 넘는 것은 '죄악이라고 알면서도 그것을 하지 않으면 생명이 위험하다.'처럼 그 정도로 특별한 사정이 있을 때뿐이다.

우리들이 보통 '죄책감'이라고 생각하는 것은 대개 자기 혐오, 분노, 후회 등을 '죄책감'이라는 말로 속이고 있는 것일지도 모른다. 예를 들어, 바람을 피웠을 때 느끼는 것은 죄책감이 아닌 '후회'다. 바람을 피운 시점에서는 '해도 된다.'고 생각했을 텐데 그것을 인정하지 않고 '죄책감'이라는 말로 대신하고 있는 것이다.

||||||||||| 애달픔

애초에 이루어지지 않는 것, 현실성이 없는 일에 대해서는 '애달프다'는 말은 쓰지 않는다. 다시 말해 '애달픔'은 가상 공간 속의 감정이며 문학적인 표현이라고 할 수 있다. 있어도 그만 없어도 그만인 감정이며, 그것에 연연할 필요도, 극복할 필요도 없지만 애달픔이 있는 편이 인생은 즐거울 것이다.

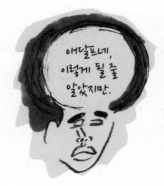

절망

슬픔, 낙담, 체념 등 부정적인 감정의 정도가 강렬한 것으로, 크게 기대한 것이 이루어지지 않았거나 또는 무언가에 빼앗겨 버린 경우에 느끼는 감정이다.

만족감

욕구를 이뤄 충족한 마음이다. 그러나 맛있는 것을 많이 먹어서 만족한다는 감정을 추구하는 것은 매우 동물적이라고 할 수 있다. 번뇌(애착)가 충족되는 것으로 기쁨을 느낀다고 하는 것은 거의 24시간 포식하고 먹는 것에만 시간을 허비하는 동물과 같은 것이다. 높게 설정한 목표 달성을 염두에 둔다면 현실에 불만이 있는 것이 당연. 만약 어떤 만족감을 느낀다면 '이래서는 동물과 같다, 나답지 않다.'며 마음을 다잡자.

지능지수(IQ)

지능지수(Intelligence Quotient)의 수치가 클수록 지능이 높다. 이 책에서는 단순히 지능의 높음을 나타낼 뿐만 아니라 냉정하게 사물을 판단하는 능력의 의미로 사용하고 있다.

아드레날린(Adrenaline)

흥분을 담당하는 신경전달물질, 또는 부신피질(副腎皮質) 호르몬

옥시토신(Oxytocin)

신뢰, 평온함을 담당하는 신경전달물질 호르몬으로, 세로토닌을 활성화시키는 기능도 있다.

해마(海馬)

단기 기억의 저장고로, 측두엽에 대한 기억을 들이고 내보내는 창구 역할도 한다.

가능 세계(可能世界)

자기가 과거에 한 선택 중에서 현실이 될 가능성이 있는 세계. '만약에~'의 가정의 세계

공관, 가관, 중관(空観, 仮観, 中観)

불교의 사상으로, 공관은 "만물은 '공'이고 실체가 없다."라는 개념, 가관은 "만물에는 역할이 있다."라는 개념, 중관은 "공관과 가관의 중간으로 만물은 '공'이라고 인식하면서 동시에 그 역할의 가치를 인정한다."는 개념

교감신경(交感神経)

활동하고 있을 때, 긴장하고 있을 때, 스트레스를 느낄 때에 작용하는 자율신경. 교감신경 우위일 때는 주변 상황에 따라 재빨리 반응해서 행동할

수 있는 상태에 있다.

코칭 이론(Coaching)

코칭 이론은 인재개발기법 중 하나로 상대와의 대화를 통해 목표 달성을 구상하는 이론. 고민이 될 때는 전문가에게 의견을 얻는 것이 바람직하나 이해관계가 없는 제3자에게 충고를 받는 것도 유익하다.

목표(Goal)

꿈, 목표. 현재 상황의 연장선상이 아닌 '현상 밖'에 설정할 필요가 있다. 또, 누군가의 가치관에 따른 것이 아닌 어디까지나 자신이 진정으로 원하는 것이어야만 진정한 동기 부여로 이어진다.

컴포트 존(Comfort Zone)

'지내기 편하다.'고 느끼는 영역이나 상태. 자기평가가 높으면 컴포트 존도 높은 단계에 있게 되며, 현재 상황을 더욱 좋게 하려는 향상심을 일으킨다.

지관(止観)

불교 명상의 본질. 번뇌를 멈추고 바라보는 것으로, 짧은 시간이라도 명상하면서 행하는 것이 바람직하다.

신경전달물질(神経伝達物質)

신경의 정보 전달에 관여하는 물질로 도파민, 아드레날린 등을 말한다.

세로토닌(Serotonin)

정신을 안정시키는 역할을 담당하는 신경전달물질. 감정이 일어나 어떤 신경전달물질이 발생해도 마지막에는 결국 세로토닌이 발생한다.

전두전야(前頭前野)

뇌의 새로운 부분으로, 사고와 창조성을 담당하는 뇌의 최고 중추라고 할 수 있다. 개개인의 세계관은 전두전야에 있는 빌리프 시스템에 의해 규정되고 있다.

측두엽(側頭葉)

귀 주변에 위치하며, 언어·감정·청각에 연관되어 장기 기억을 보존하는 부위이기도 하다. 밖에서 얻은 정보는 이 기억과 조합되어 플러스 또는 마이너스로 처리된다.

대뇌변연계(大腦邊緣系)

대뇌 깊숙이 위치하고 정서의 표출, 식욕, 성욕, 수면욕, 의욕 등의 본능이나 기억과 자율신경 활동에도 깊이 관여한다. 해마, 편도체를 내포한다.

단기 기억(短期記憶)

수십 초에서 수십 분 동안 단기적으로 해마에 보존되는 기억.

추상도(抽象度)

구체적인 것으로부터 벗어나 추상적인 사고가 가능한 정도. '개인→가족→지역→나라→세계'라는 식으로, 추상도가 높으면 높을수록 꿈이나 목표는 커지고 달성했을 때의 만족감이나 행복 정도도 커진다. 또, 추상도가 높으면 현실을 부감(俯瞰)하는 것이 가능하기 때문에 그 현장의 분위기나 감정에 휩쓸리지 않고 냉정한 판단이 가능해진다.

장기 기억(長期記憶)

측두엽에서 장기간 보존되는 기억. '살아가는 데 필요'하다고 해마가 판단한 기억이 측두엽에 전달되어 보존된다.

도파민(Dopamine)

쾌감이나 다행감, 의욕, 운동 등의 기능을 담당하는 신경전달물질. 욕구가 충족되거나 충족됨을 느꼈을 때 활성화하여 쾌감의 감각을 주는 '보수계' 호르몬이다.

트라우마(Trauma)

강한 정신적, 육체적 쇼크나 공포에 의해 일어나는 마음의 상처. 정신적 외상. 매우 장기간에 걸쳐 부정적인 영향을 끊임없이 주기도 한다.

내분비물질(内分泌物質)

내분비선으로부터 혈액이나 림프관에 방출되어 신체의 곳곳에 다양한 영향을 주는 물질(호르몬). 옥시토신, 아드레날린, 노르아드레날린 등이 있다.

뇌내물질(腦内物質)

신경전달물질과 뇌내 호르몬의 총칭

노르아드레날린(Noradrenalin)

스트레스나 분노를 담당하는 신경전달물질인 동시에 부신피질 호르몬

파이트 오어 플라이트(Fight or Flight)

'전투할 것인가, 도피할 것인가' 하는 반응. 공포 등의 자극에 의해 아드레날린이 방출되어 동공의 확대와 심폐 기능의 강화 등 다양한 신체 반응을 일으킨다. 신경이 과민하게 되고, 특정한 일에 대한 집중력이 높아지기 때문에 치밀한 사고를 동반하지 않은 순간적인 행위를 향상시킨다.

부교감신경(副交感神經)

편안하게 휴식을 취할 때, 잠을 자는 동안에 작용하는 자율신경. 부교감

신경이 우위일 때 사람은 몸을 회복하거나 마이너스 감정을 억제시키거나 한다.

빌리프 시스템(Belief System)

'나는 이런 인간이다.', '세계는 이러하다.'고 한, 믿어 의심치 않은 고정적인 사고=신념. 그 사람의 자아와 세계관을 형성하는 기초가 되고 있다.

베타 엔돌핀(Beta Endorphin)

'보수계'의 신경전달물질. '내뇌 마약'이라고도 하며, 진통·진정 효과가 있고, '기쁨'과 '즐거움'이라는 감정을 불러일으킨다.

변성의식상태(変性意識状態)

이른바 트랜스(Trance) 상태. 느낀 것, 생각한 것 등에 대해서 물리 공간 이상의 현장감을 느낀다. 이 상태일 때 뇌는 냉정한 분석이나 판단이 불가능하게 되어 암시(暗示)에 걸리기 쉽다.

편도체(扁桃體)

대뇌변연계에 위치한다. 기억과 감정을 담당하는 뇌의 부위. 정보를 전두전야의 빌리프 시스템과 대조해 평가하는 등 정보에 관한 중심적인 역할을 담당한다. 편도체가 우위가 되면 '분노', '슬픔' 등의 감정을 증폭시키는 작용이 있다.

호메오스타시스(Homeostasis)

살아 있는 몸으로서 항상성을 유지하려고 하는 살아남기 위한 불가결한 생명 활동. 호메오스타시스는 신체뿐 아니라 마음에도 작용해 무의식중에 '나답다', '편안하다'라고 인식하는 상태(컴포트 존)를 유지하려는 행동을 취한다.

현장감

실감, 리얼리티. '현장감 공간'이란, '지금 내가 현장감을 느끼는 공간'이다. 부정적인 감정을 가질 때 현장감 공간에 멈춰 있으면 더욱 그 감정이 증폭된다. 또 현장감을 느끼는 대상은 반드시 진실일 필요는 없으며, 사람은 허구에 대해서도 현장감을 느낄 수 있다.

나를 지키는 감정
나를 살리는 감정
뇌과학자가 재미있게 파헤친 감정해부도감

초판 1쇄 인쇄 | 2017년 11월 10일
초판 1쇄 발행 | 2017년 11월 20일

지은이 | 도마베치 히데토
옮긴이 | 박선형

발행인 | 김남석
발행처 | ㈜대원사
주　소 | 06342 서울시 강남구 양재대로 55길 37, 302
전　화 | (02)757-6711, 6717~9
팩시밀리 | (02)775-8043
등록번호 | 제3-191호
홈페이지 | http://www.daewonsa.co.kr

값 13,800원

Daewonsa Publishing Co., Ltd
Printed in Korea 2017

ISBN | 978-89-369-2027-2

이 책의 국립중앙도서관 출판시 도서목록(CIP)은 e-CIP홈페이지(http://www.nl.go.kr/ecip)에서
이용하실 수 있습니다. (CIP제어번호 : CIP2017028328)